名家笑侃相声圈

魏文华

艺文芳华：

的故事

魏文华 —— 口述

杨妤婕 —— 执笔

天津出版传媒集团

天津人民出版社

图书在版编目(CIP)数据

艺文芳华:魏文华的故事 / 魏文华口述;杨妤婕
执笔. -- 天津:天津人民出版社,2018.5
(名家笑侃相声圈)
ISBN 978-7-201-13335-5

Ⅰ.①艺… Ⅱ.①魏… ②杨… Ⅲ.①魏文华-生平
事迹 Ⅳ.①K825.78

中国版本图书馆 CIP 数据核字(2018)第 076562 号

艺文芳华:魏文华的故事
yiwenfanghua:weiwenhua de gushi

出　　版　天津人民出版社
出 版 人　黄　沛
地　　址　天津市和平区西康路 35 号康岳大厦
邮政编码　300051
邮购电话　(022)23332469
网　　址　http://www.tjrmcbs.com
电子信箱　tjrmcbs@126.com

责任编辑　张素梅
装帧设计　明轩文化　王　烨
　　　　　TEL:23674745

印　　刷　高教社(天津)印务有限公司
经　　销　新华书店
开　　本　787 毫米×1092 毫米　1/16
印　　张　11.5
插　　页　1
字　　数　80 千字
版次印次　2018 年 5 月第 1 版　2018 年 5 月第 1 次印刷
定　　价　39.00 元

序

孙福海

很久没有这么激动啦！手捧魏文华口述、杨妤婕执笔的《艺文芳华——魏文华的故事》，眼中含着泪水。为什么？这不仅仅是我与书中的主人公——魏文华及她爱人刘文亨有着几十年交情（刘文亨是我同门师兄，他们夫妇对我关爱有加），也不只是为81岁的老太太新书面世、了却其一桩心事而高兴。而是我看到，这是一部叩开主人公心扉、探寻艺术家人生轨迹、启迪后来者的一部经验秘籍；是一部运用积累几十年艺术实践，精辟独到阐述相声理论的文集；是一部虽饱尝童年辛酸历经沧桑，但不忘初心、牢记使命的教科书；是一部老骥伏枥让人激动不已，故事性、趣味性极强的典籍。

我以为，本书的意义有三：

一、结构独到　提炼精辟

执笔者以深厚的叙事功力，用流畅的文字、通俗的语言，提炼艺术家七十余年的经历、故事及从艺艰辛，深度挖掘主人公行为背后的思想和境界，并进行高度的理论概括。

如果将艺术家一段段散在的故事比喻为散落的珍珠,那么执笔者就是一位具有超凡技巧将珍珠串连成优雅项链的高手。讲故事易,理论升华难,能否抓住故事中的亮点、捕捉艺术家看似一般而实为闪光的境界,全靠执笔者的功力和水平了,该书充分证明了好婕具有这样的才华。该书的语言运用,也颇具特色,如歌、如诗、如散文,这与执笔者常年创作曲艺鼓词的磨炼是分不开的。鼓词创作讲究用句简洁、易懂、立意深刻、寓意久远,而好婕驾轻就熟,在曲坛摘得无数耀眼桂冠,用此基本功玩味叙事长篇,更有令人神往的韵味。在谋篇布局上,该书将魏文华几十年的从艺生涯分为五章,剪裁合理、清晰,环环相扣,读起来不忍释手。所以,我认为该书为津门曲艺家的资料宝库增添了厚重,是津门曲坛的又一曲艺理论成果。

二、艺为生命 屡创奇迹

在相声的历史上,有哪位女演员能在八十余岁仍独占舞台?而且是逗哏,是演出"一头沉"的节目,是唱起来满宫满调、不输青年戏曲、曲艺演员?历史上没有!而且据我在这个领域五十余年的所见所闻,七十岁以后的鼓曲演员在台上的"定调"均一落再落,高腔都靠"假嗓"装饰了。而魏文华似乎越老嗓音越好,在台上比在台下的"定调"都高;在台下还见老年人常有的"病态",而一上台却生龙活虎不输小青年。我们常常看到这样的一幕:她在台上经历几次掌声雷动的"返场"之后，从台上走回后台时，包括她的弟弟魏文亮在内的诸多相声名家，都激动地久久拥抱着她——这就是奇迹！这样的状况今后恐很难再现。

毋庸讳言，有时我是眼中含着泪在看她的演出，因为在我脑海中出现的是：五十余岁时，丈夫刘文亨瘫痪在床，她端屎端尿、精心照料，却未能从"死神"处夺回相亲相爱的丈夫。她没有被击垮，不久便站在舞台上书写人生顽强的奇迹。我还想到：1963 年，"上面"一道指令，全国禁止女演员说相声。所有的女相声演员全都离开舞台，而唯有她，一改行当，以北京琴书出现在舞台，并成为关学曾喜爱的弟子及演出中不可或缺的中坚力量。她，在出新中出奇：改革开放之后，是她以自己独特的表演风格、大气潇洒的台风、不落俗套的节目内容，又一次令人刮目相看地站在舞台上，为女相声演员重登舞台开一代新风。她，被业内称奇：八十岁高龄，在舞台上的"现挂"，每每都精彩地获得台前幕后的交口称赞。她，已形成独有的流派，但仍不甘落后地继续拼搏在舞台上……我们坚信她还会创造奇迹。

三、以德为本　老骥伏枥

艺以德为本。书中记文华幼年闯关东，为救两个险被奸污的女青年而表现出非凡的机智、胆略以及艺人之间相互帮助的美德；解放初，津门相声界被无端禁演的尹寿山、杨少奎到她所演出的茶社探望，她能不怕被牵连，带头从当天收入中捐钱给他们;"文革"中,她和爱人均被下放工厂,降工资、爱人进"牛棚",生活拮据,当其获得人身自由时,他们夫妇首先想到的是看望还未落实政策的侯宝林、马三立、赵佩茹等老艺术家。当侯宝林落实政策补发工资后,第一件事就是资助仍陷困窘的他们。晚年,她首先想到的仍是事业,教学任劳任怨,演出也总是带着学生上场。有人劝她:"您这么大岁数了,找一个成熟的捧哏演员多省劲儿啊!"她总是讲:"孩子们需要实践,演一次胜过排百次……"这就是业内同辈尊称的"大姐"、晚辈称道的"大姑""老太太"。老骥伏枥,志在千里,故事尽在书中……

我欣赏推荐该书,相信同人们读后一定会受益的。

丁酉年冬

目 录

开　篇

2016年初冬,天津老城厢。

有着百余年历史的广东会馆沐浴在午后温和的阳光
之中,一派深沉、古朴的安宁气息。

广东会馆建于清代,现在是天津戏剧博物馆,而当年
杨小楼、梅兰芳、尚小云等京剧巨匠曾经登台献艺的戏
楼,如今也经常上演戏曲、曲艺等节目。位于舞台天幕正
中的是彩色镂空木雕《天官赐福图》,身着红袍的天官脚
踏祥云,寓意为"平步青云";手指一轮红日,即为"指日高
升";在天官身前跪着一位身着绿袄红裤的仙童,仙童手
托花瓶,瓶插三戟,预示着"平升三级";环绕天官身后有
枝繁叶茂的梧桐树、顽皮的灵猴、翻飞的蜜蜂、角落中还
有向日葵,借其谐音为"向日封侯",又叫"早日封侯";圆
心外的四角,是口衔桃枝的蝙蝠,正应了"福寿四方来"的
吉祥话。这样一块充满祈福纳祥美好寓意的极品清代木
雕,在如今已经十分罕见了。而广东会馆,却犹如一座精
美的木雕展览馆。走进戏楼,首先看到的是木雕,看得最
多的仍是木雕,而且件件都是精品,透射出南方雕刻技艺
的灵美之气。

1

舞台正面两根垂莲柱之间的华板上雕有五层精美的图案:第一层为"龙凤翔于云间",第二层为"狮子滚绣球",第三层为"渔、樵、耕、读、商"五个阶层的人物,第四层为"冰凌花"图案,第五层则为"富贵牡丹"图案高高地雕刻于戏楼顶部的额枋之上。

置身于这古香古色的戏楼之中,心境细腻的人会禁不住浮想联翩。

走进会馆的主体建筑——戏楼,这里则是另一番情形。舞台上灯光明亮,几部摄像机分设在场内各个角落,一桌四椅为一组的座位上已经坐满了观众,十几位年轻人忙碌而有条理地工作着。

此刻,天津电视台《相声大会》正在这里录制。

"预备,开始!"

随着年轻女导演清亮的声音,掌声充满了古老的广东会馆。

在后台,伴随着木质楼板咯吱咯吱的响声,年轻的演员们也在各自忙碌着,有的在化妆,有的在对词儿,有的站在台帘后细听台上的演出,还有的利用难得的见面机会聊上几句,这场景看上去有点儿凌乱,却又显得井然有序。

正在这时,就听有人喊了一声;"魏奶奶,您来啦!"

立刻,所有人的视线都转向那道窄窄的小门。

"哎,你早来了?!"随着应答声,一位身材矮小瘦弱的老太太步履蹒跚地走了进来。

花白的头发烫成短波浪，戴着深度近视眼镜，虽然尚是初冬季节，但已过早穿上了长款的黑色羽绒大衣，一条醒目的红色围巾打破了黑衣的沉闷，跳跃灵动，使苍老的面孔焕发出奕奕神采。

一位年轻的女编导搀扶老人一步步走上陡窄的木楼梯，立即，几双手同时伸过来扶住老人，待老太太坐在一张椅子上，嘉宾主持刘俊杰赶紧走了过来。

刘俊杰，在天津卫可谓大名鼎鼎，著名的文眼大家苏文茂的得意高足，在当今还活跃在舞台上的天津相声演员当中，以能写擅演著称，成就斐然，成为当之无愧的领军人物，在今天这个年轻演员云集的场合，更是深受众人尊敬。他走过来，大家自然地让出一条路。

刘俊杰走到跟前，恭敬而又亲热地喊了一声："大姑！"

"哎，俊杰！"老太太答应，脸上的笑意更深了几分，接着就是"奶奶""老师""老太太"一片问候之声，化妆师小姑娘走上来，给老人化妆。

就在此时，又一位"人物"也进了后台，北京的著名老相声演员王文林，在又一阵寒暄过后，王文林也在老太太身边坐下，亲热地问候：

"大姐，您早来了，昨天没累着吧?!"

"文林，你辛苦！酒店房间不冷吧？"

"不冷，挺好！咱姐俩再来一遍啊?!"

说着,二位老人微微探身,更凑近一些,低低的声音,似在窃窃私语。

"魏奶奶、王先生,二位辛苦!"年轻的女导演,精明干练,久在相声圈里摔打,谙熟规矩,正所谓"见面道辛苦,必定是江湖"。

"哎,导演,你辛苦!"王先生先答言了。

"姑娘,你好啊!"老太太也笑着打招呼。

"二位老师,昨天王先生从北京来,魏奶奶去酒店二位对活,真是辛苦。您二位再喝点水,歇一会儿,咱们就开始录了。"

"哦,该我们啦?"老太太听明白了导演的意思,微笑着问。

王先生也明白,立刻说:"大姐,您再喝点水啊?"

"不喝了,"老太太站起身,爽快地说:"该我们了,咱就录吧!"

随着热烈的掌声,绣着"出将"二字的台帘掀开,先是身着大褂

4

的王文林,以他惯常的小碎步,笑眯眯地登场。接着,身穿粉蓝色织锦缎中式上衣的瘦弱矮小的老太太上台了,依然是步伐缓慢,却不再蹒跚,而是沉稳安详,脸上带着谦和、亲热的微笑。

"好!"一声碰头彩!

老太太微笑点头,走到场面桌旁,面对着观众站定,郑重地深鞠一躬。

等又一阵热烈的掌声平息之后,老太太冲着台下开口了;

"我还没说呢!"

立即,台下传来会心的笑声。

就在这会心的笑声中,传统相声《捉放曹》开始了:

"哟,王文林王先生。"

"是我!"

"该您表演了?"

"是啊,给观众表演相声。"

"您都能表演什么呢?"

"我们相声演员讲究四门功课,说、学、逗、唱。"

"那么在学唱方面您一定很有研究?"

"也不敢说有研究,反正学个眼目前的,京剧、评剧、河北梆子、一些歌曲,我都能行。"

"嚯,这话可够大的。"

"我这还搂着说呢。"

"那么,我要是唱一段,你知道是什么吗?"

"您啊不用唱一段,您唱一个上句,我能给您接上下句来。"

"是这话?"

"您来吧!"

"听着啊!八月十五哇……"

只这四个字一出口,那高亢的京剧老生唱腔立即引来全场喝彩,以至淹没了捧哏演员接唱的"月光明"。

随着一句紧似一句的接唱（相声术语谓之"追柳儿"）,这段学演传统京剧《捉放曹》的相声,流畅地铺陈开来。逗哏老太太一连串的破绽百出、插科打诨,捧哏的王文林较真儿地着急又无可奈何,夹杂着二位演员精彩的学唱,连续的包袱依次展开,观众的掌声、笑声、喝彩声此起彼伏。

一段演罢,在观众热烈的掌声中,二位又加演了一个极短的小段儿。

录像圆满结束,观众们拥到台前,握手、合影,还有几位拿着本和笔请演员签字。刚刚在台上使活的老太太,含笑满足大家的要求,她认真地一笔一画地写下三个大字:魏文华。

女相声演员魏文华,天津人,1937 年 1 月出生,表演这段唱作繁重的传统相声《捉放曹》时,已经是七十九岁高龄。

汽车离开广东会馆,转过城厢东路,径直驶向海河边,沿着张自忠路平稳地行驶。夜幕降临,海河两岸华灯初上,柔曼的灯光映照着波光粼粼的水面,河对岸一座座风格独特的小洋楼,在夜色灯影中显得优雅而神秘。

魏文华坐在车上,望着夜色中的街景,她忽然觉得自己生活了几十年的这座城市,变得有些陌生。她隐隐地记起童年时候的海河岸边,是那么破败凄凉。河还是那条河,水依然无声地流淌,现在的海河两岸,已是灯光璀璨,霓虹闪烁,路上、桥面车流穿梭,一派现代化大都市的繁华景象。蓦的,她又想起了刚刚离开的老城厢、鼓楼、东北角、河北鸟市,接着又想到最熟悉的谦德庄、小刘庄、连兴茶社、劝业场八大天……

汽车司机是一位精明的小伙子,在广播里常常听到魏文华的声音,但是因为是初次接触,找不出适当的话题,又见老太太一直望着窗外若有所思的样子,便也不出声,打开音响并调低音量,随即,《毕业生》的主题歌轻轻响起。

老太太并不知道这首曾经风靡一时的歌曲,她只是觉得这首外国歌曲那悠远、平和又带着一丝忧伤的情绪跟自己此时此刻的心境极其吻合。歌声中,有一股脉脉暖流在她心底慢慢升腾,弥漫了全身,使她的脸庞发热,眼睛也有些湿润。

她并不喜欢怀旧，今天，也许是录制现场火炽气氛的触动，也许是灯光水色中浪漫夜景的感染，令此刻的她思绪如潮、浮想联翩。七十余年，如烟往事仿佛一帧帧画面闪现在眼前，虽然时而清晰时而模糊，却是久久挥之不去。

第一章 流落生涯

一、艺人家庭的长女

魏文华出生在天津一个艺人家庭，父亲魏雅山是一位盲人弦师，母亲魏墨香是天津有名的老鸳鸯调艺人，魏文华是他们的长女，著名的相声演员魏文亮是他们唯一的儿子。

魏家的祖籍是天津东郊赤土村（现东丽区华明街道赤土村），魏雅山并不是天生眼盲，而是由于幼年患了天花，先是坏了右眼，因为家境贫穷无钱医治，一年多以后牵扯了左眼，竟至双目失明。母亲早逝，父亲带着双目失明的儿子，生活非常艰难。当时盲人大多从事两项职业，一是算命，二是为杂耍艺人操琴，于是魏雅山年龄稍长就来到天津，拜师学弹三弦。

魏墨香同样是苦命人，自幼父母双亡，跟着舅舅长大，因为嗓子好，便学唱了老鸳鸯调。老鸳鸯调是天津民间俗曲，初时只是底层市民们劳动之余自娱自乐地消遣哼唱，后来逐渐用于演出，产生了专职艺人。老鸳鸯调唱腔苍劲古朴，悠远厚重，魏墨香嗓音高亢嘹亮，声情并茂，因而在天津卫很有些名气。

然而那是个什么年代呢?日寇侵华,天津城早已沦陷,在侵略者的魔掌中苦苦挣扎,百业俱废,民不聊生。魏墨香尽管在天津卫也算得上是个"角儿",家里人口也并不算多,只有夫妻二人、一双儿女和一位舅父,却和所有穷苦人一样,生活难以为继。于是,他们决定闯关东。

等到一家人历经艰苦到了锦州,心里凉了半截儿——东北的生活并不比天津好多少。人生地不熟,一家人住在锦州火车站附近一个肮脏简陋的小店中,靠魏墨香卖唱为生,一家老小依旧忍饥挨饿,用魏文华的话说:"那几年就没吃过一顿饱饭。"

魏文华那个时候还叫魏春华,乳名小春子,白皙的小圆脸儿,闪亮的大眼睛,虽然年小,却是聪明又懂事。白天爸爸妈妈出门卖艺,她就在家里带着年幼的弟弟。妈妈唱的小曲,她听几遍就会哼,爸爸弹起弦子,她放开嗓子跟着唱,竟然有板有眼一点儿不错。爸爸妈妈看出女儿聪明,嗓子虽然童声未退,却是高、亮、宽都有,便在闲时指点女儿。再长大一点,文华、文亮姐弟就都跟着父母撂地卖艺了。

魏墨香、魏雅山夫妇弹唱,妈妈唱几段以后。文华就唱一两个小段垫场,让妈妈歇歇。文亮刚刚五岁,也在场子里帮忙"打钱",就是向围观的人群收费。

全家人不辞辛劳,生活却仍然清苦。两个孩子正在长身体,文亮因为出生时奶水不足还常常生病,十分需要营养,却总是连饱饭都吃不上。煮一个鸡蛋,那是极其少有的事,每到这个时候,妈妈魏墨香就仔细地剥了蛋壳,略微掂量一下,把鸡蛋掰成两半儿,略微多一点点儿的,递给文亮,另一半递给文华,小姐儿俩高兴地捧在手里,舍不得两三口就吃掉,而是细嚼慢咽,像品尝最高档的珍馐美食。

母亲很难过,却只能强忍着眼泪,笑着对儿女们说:"明天妈还给你们煮,玩儿一会儿吧,等等天黑了,春子还得跟你爸出去呢。"

去哪里?去串"窑街"。就是拉着盲眼父亲的马竿儿,去妓院卖唱。

魏文华还太小,当年只有八岁半,也正因为年幼,才被允许进入妓院,若是十五六岁的女孩儿,肯定是要被伙计堵在门外的,怕勾走客人,坏了他家的生意。

八岁多的小女孩儿,圆脸儿,大大的眼睛,不待说话先是嘴角上扬露出笑意,见到妓院伙计就喊"叔叔",见到姑娘们,哪怕只有十八九岁,她都会甜甜地叫一声"妈妈"或是"干娘"。她不懂烟花之地究竟意味着什么,但是从平日大人们的谈话甚至街坊邻居妇女们的吵架互骂中,她隐隐地觉得这并不是一个体面场所,这里的姑娘,就是她称为"妈妈""干娘"的年轻女子们,是被人轻蔑的。尽管在小小的文华眼里,她们个个衣着干净,对人温和友善。

那些姑娘们、伙计们，大都因为被贫苦饥饿逼得走投无路，才操此生意，看见一个小女孩牵着盲眼父亲卖唱，大有物伤其类的同情心，总会尽力帮忙。也有时，见客人的脸色实在难看，姑娘便对文华说："宝贝儿，今天就不听了，明天再唱吧！"

文华蹙起眉头，小嘴一噘："妈妈，听一段吧，要不，明天我就挨饿了。"

于是姑娘们便会加倍殷勤地向客人赔着笑脸，恳请点一段唱，让小丫头挣点钱糊口。

往往，轻敲着屋门，甜甜地喊着："妈妈，是我啊！"或是："干娘，我来啦！"文华会感到莫名的委屈，但是等唱完一曲，接过客人的点唱钱之后，她又会对那位极力鼓动客人多听几段，好让他们父女多一点收入的姑娘心怀感激。

夜幕降临，父亲背起三弦，文华拉着父亲的马竿儿，爷儿俩又去串"窑街"了。

院子的两侧是一个个单独的房间，一个房间里住着一位姑娘，文华今天生意不错，来到第三间屋里已经是晚上十点多了。

"妈妈，我来啦！"虽然有些疲惫，她还是打起精神，带着笑音喊了一声。

"哦，是春子啊，进来！"随着声音，门帘挑开，文华爷儿

12

俩进了屋。一位年轻姑娘陪着一位客人正在说笑,一见文华,姑娘笑得更甜了,向客人殷勤地说道:"这是我干女儿,别看人小,那小曲儿唱得别提多好听了,您点一段吧!"

看得出来,客人并不情愿,但却碍于姑娘的面子,不好断然拒绝,便有些不耐烦地吩咐:"随便唱一个!"

文华年龄虽小,却聪明伶俐并且过早地体味了世情,颇识得眉眼高低,看出这客人其实是给姑娘面子,而自己更得拿出十二分精神来唱,才对得起这位好心相帮的"妈妈",于是轻轻咳嗽一声,父亲听到示意,随即弹响三弦,文华亮开嗓子唱起来:

桃叶儿尖上尖,

柳树叶儿遮满天,

在其位的诸明公,细听我来言,

此事呀出在京西蓝靛厂啊,

有一人姓宋啊名叫宋老三哪。

那位客人原本无心听唱,只是不好驳了姑娘的面子,又怕被姑娘小看,说自己舍不得花钱,才勉强让文华来唱,不想这女孩儿一张口,声音清脆透亮,似一股清风,吹散了房间里呛人的烟草气,使人精神一振。于是在文华唱完一段之后,不等姑娘说话,便笑着喊道:"好,不错,再唱一段!"

姑娘笑了，文华也高兴，仿佛忘了一晚上的劳累，清了清嗓子，接着唱：

一寸光阴一寸金，
寸金难买寸光阴。

刚唱了两句，就听见院子里一阵骚乱，原来是日本兵例行查夜，老鸨、伙计和所有的嫖客、妓女都要到院子里接受检查。由于文华正在唱曲儿，三弦声叮当响亮，这屋里的几个人没听清门外的吆喝声。

"啪"，门帘被刺刀挑开，两个日本兵闯进屋里，姑娘和客人猛吃一惊，文华也吓得住了嘴。魏雅山眼盲，不知道发生了什么事，一边继续弹着三弦，一边问：

"闺女，怎么啦？怎么不唱了？"

文华哆哆嗦嗦，顾不得回答父亲，日本兵听到说话声，立即瞪圆了眼睛，嘴里叽里咕噜地说着什么，一个端起刺刀，冲着魏雅山就是一下子，"噗"的一声，弦子的蟒皮被戳了一个大窟窿，另一个跨上一步，扬手打了魏雅山两记耳光。

"啊！"魏雅山一声惊呼，文华扑上去，哭喊着爸爸，日本兵不依不饶，手抓着魏雅山的衣领不放。

面对端着上了刺刀的长枪、穷凶极恶的日本兵，一个惊慌失措的盲人，一个哭喊不止的孩子，他们随时都会遭

14

遇不测。有几位客人看不过去了，赶忙上来求情，老鸨子也怕事情闹大影响了她日后的经营，跟着上前哀告。真是万幸，总算求得两个日本兵放了手，又叽里咕噜地说了几句，旁若无人地扬长而去。

魏雅山背着破三弦，文华脸上挂着泪水，拉着父亲的马竿儿，脚步沉重地走在回家的路上，她小小的心灵充满了悲伤，在心里不断重复着一句话：我们怎么这么命苦呢？

还有一次，卖唱归来夜色已深。那一次走得比较远，回家的路上要经过一条大坝。这条大坝是远处一条大河的堤岸，虽然坝下没有水，却建得挺高，父亲眼睛看不见，文华拉着马竿儿，小心翼翼地走在堤上。

那时刚进冬天，文华只穿了一件薄薄的棉袄，东北的初冬寒意逼人，她不由得缩着脖子，交替着用不拉马竿儿的那只手捂住耳朵。

突然，在大坝的那一头，有白光一闪，文华睁大眼睛仔细看着，在暗淡的月光下，先是出现几个白点儿，继而是几个白色的影子，跳跃着迎面而来。待再近一点，文华禁不住大吃一惊，那几个影子全都身穿白袍，腰间系着白带子，头上是一顶带尖儿的白帽子，并且长及肩膀，遮住了脸和脖子，只在眼睛的部位有两个圆洞。这不就是鬼故事里讲到的无常嘛！

"啊！"文华急促地惊呼一声，浑身簌簌发抖，两腿再也迈不开步子，上下牙撞击着发出"嘚嘚"的声响。

"春子，怎么啦？"爸爸感觉到女儿拉着马竿儿的小手在剧烈地抖动，担心地问了一声。

"爸，别、别、别出声儿。"文华哆嗦着小声说。她停住脚步，紧紧抓住父亲的手，想闭上眼睛，却又不由自主地睁大惊恐的双眼。

那些白影子，有五六个，虽然并不出声，行动却很一致，他们以极快的速度"噌噌噌"地从父女二人身边掠过。

看着那几个白影子又变成白点儿，消失在茫茫夜色中，文华才拉着父亲，跌跌撞撞往家跑。一进家门，她就哆嗦成一团，久久说不出话来。

妈妈开始以为衣单天寒，女儿冻坏了，直到看见文华失魂落魄、脸色铁青、嘴唇惨白，才意识到事情的严重。让女儿上炕盖了被子，缓了好久，文华才能说出话来，把刚才惊悚的一幕讲给爸爸妈妈听。

夫妻二人听着女儿的讲述，一阵阵头皮发麻、冷汗直淌。那究竟是些什么人，是人是鬼、是侠是盗？终究不得而知。

二、那个死不受辱的小姑娘

直到七十年后，魏文华还是常常想起那个小姑娘。

就在她常去的那家妓院，一天晚上，文华拉着父亲的马竿儿刚跨进院门，不禁吓了一跳，大门旁边角落里，跪着一个人。文华走到近前,蹲下身子,她看见一张稚气未脱的脸,大眼睛、高鼻梁、粉红的嘴唇,额前有一排刘海儿,一个清秀的姑娘,看来不过十五六岁,眼里虽然含着泪,却有一股倔强的光咄咄闪烁。姑娘看了一眼文华,旋即一转头,两滴大大的泪珠滚落在白皙的面颊上。

文华不敢多问,像往常一样,挨屋敲门卖唱,心里想着刚才看到的情景,总是觉得惴惴不安。听一位熟悉的"干娘"说,那是个新来的乡下女孩,只愿意干杂活,坚决不肯接客,被老鸨子打了一顿,一天不给饭吃,罚跪在院子里。

待到父女俩离开时,那姑娘还跪在那里,已经瘫软成一团。

路上,文华问父亲,那女孩儿会怎么样,魏雅山叹了一口气,说:"还能怎么样?跪、饿、打,直到答应接客为止,这姑娘八成是被骗来的。有些个坏人,跟姑娘的爹妈说是带到城里,给有钱人家当丫头,甭管有没有工钱,先有口饱饭吃。等把姑娘领来,就卖到妓院里。哎!那孩子也就比你大几岁,离了爹妈,举目无亲,叫她怎么好啊?!唉!"

在父亲的长叹声中,文华的心怦怦直跳,小手更紧地抓住马竿儿,她才感到踏实一些。

第二天晚上,临出门的时候,文华拉住妈妈,请求带一个窝头走。

"不是刚吃了饭吗?"魏墨香奇怪地问女儿。

"妈妈,就给我一个窝头吧,小个儿的也行。"文华央求着。

魏墨香微微一笑，转身拿了一个窝头递到文华手里。她了解自己的孩子，文华从小懂事，知道家里生活艰难，如果不是十分需要，这个孩子不会这么执拗地要一个窝头。

带着还有一丝温热的窝头，文华又到了那家妓院，果然像父亲说的，那个女孩子还跪在那里，只是更加颓弱，简直就是蜷缩着。文华看看四下没人，几步跑过去，把窝头塞进姑娘手里，然后吓得头也不敢回，领着父亲直奔上房而去。

串了两间屋子，天色不早了，就当他们父女要退出房间的时候，院子里忽然乱了，暴躁的斥骂夹杂着尖利的哭喊，一声比一声高。文华跑到院子里，只见老鸨子手拿一根粗柳条，正在边打边骂那个姑娘；那女孩儿趴在地上，双手抱头，身子左躲右扭，却无力站起来，柳条一下下落在后背上。各屋的姑娘们也都出来了，两位年纪大一点儿的上来拦住老鸨子。老鸨子喘着粗气，一手叉腰，一手拎着柳条指着那姑娘；

"你说，接客不接客？你要应了，赶紧进屋，洗澡吃饭好好睡一觉，明天给我做生意。不应，今天晚上就打死你！"

老鸨子话音刚落，院子里忽然静了下来，大家都不敢出声，只是默默地看着那姑娘。

一片寂静中，那个姑娘两手撑地，慢慢地、艰难地抬起身子，她的脸色蜡黄，嘴角滴着血，头发浸着汗水和泪水，一绺绺地粘在脸上。姑娘抬起右手，撩开额前的乱发，蓦地,那双大眼睛闪出的倔强的目光使众人吃了一惊。

"不接客!"声音微弱,却是一字一顿。

"好啊!"老鸨子气急败坏,推开面前的两位姑娘,又是一阵柳条翻飞。

那姑娘再一次匍匐在地,身上的花布夹袄已经裂开,露出了内衣,柳条直接抽到肉上,可她只是大声哭喊,并不求饶。

就在老鸨子再一次举起柳条将要落下之际,一个小小的身影忽然扑了上去,先是抱住老鸨子的胳膊,随即跪在地上。

是文华。

魏文华迎着老鸨子跪下:"妈妈,别打了,再打就真的打死了!"

老鸨子看清是来卖唱的小春子,又是一阵怒气,她不理文华,而是冲着魏雅山喊起来:"弹弦儿的,把你闺女领走,别在这儿多管闲事儿。让你们在这唱曲儿就是老娘发善心,怎么着,蹬鼻子上脸啦?!"

魏雅山摸索着走上来,拉起女儿:"春子,起来,咱走吧!"又转向老鸨子,连连鞠躬:"您消消气,您行行好,别再打了。她还是个孩子呢!"

"走吧,走吧!"伙计上来,半扶半推,把爷儿俩领出院子,随即"咣当"一声关上院门。

拉着马竿儿,文华一路上都在抽抽搭搭,而魏雅山仍

19

然只会叹气。他知道，花钱买来的姑娘，总归逃脱不了那悲惨的命运。

接下来的两天，魏雅山吩咐女儿换一家妓院去卖唱。身为一个父亲，他心疼那个只比文华大几岁的姑娘，他也知道那女孩儿逃不脱老鸨子的手心：一旦走进院门，看见昨天还以死抗争的小姐姐，今日却花枝招展倚门迎客，文华会怎么想；而姑娘见到为自己求情给老鸨子下跪、说好话的父女俩，又该是多么羞愧难当！魏雅山不愿意这个场面真的出现。

年幼的文华却无论如何无法体会父亲的这番心思，她一心惦记那个小姐姐，第三天她没有问父亲，径直拉着马竿儿走进了那家妓院。

大门旁边的角落里空无一人。

从进门到夜深，没有看见那女孩儿的身影，文华实在憋不住，悄悄地问一位熟识的"干娘"，回答是那姑娘死了。

那个动荡的时代，穷苦人无法掌握自己的命运。

那以后的好几天，文华心情黯然，眼前总是闪过那姑娘刚烈的面孔，每一次想起，她都会感到难言的悲伤。

她跟父母提出，不再去串"窑街"了。

三、山海关历险

文华向父母提出不再去串"窑街"，魏雅山夫妻一口答应了女儿的请求。可是不串"窑街"只靠撂地演出，刚刚有点起色的生活又会重归贫困，一家人又将吃了上顿没下顿。

文华看出父母的担心，她说："妈妈，您别发愁，不串'窑街'，我跟我爸去饭店唱。在大饭店吃饭的都是有钱人，兴许还能多挣点儿呢。"

魏雅山点点头，他认同女儿的说法。他想，去饭店不仅能多挣钱，还有最要紧的一点，饭店是公共场所，光天化日，应该比较安全，女儿慢慢长大，他不得不加倍小心。

串饭店就是在客人吃饭的时候唱曲助兴，由客人给一些小费。那时候饭店里已经出现了女服务员，叫"女招待"。文华嘴甜，又是一口一个干娘，哄得女招待高兴，鼓动客人点唱。后来逐渐熟悉了，便嘱咐文华带着小锅小盆，常常把没吃几口的菜撤下来，让文华拿回家，有时候还有整碗的大米饭，那可真比窝头香啊！文华看着全家吃得高兴，似乎忘了自己的委屈、疲惫，生活的磨难，使她过早地成熟了。

刚刚不为饥饿发愁，又有新的难题摆在了魏家人面前。

原来他们离开天津奔东北的时候正是在春天，一是为了路上轻便，二是并没打算长住，所以秋冬的厚衣和棉被，都寄存在魏墨香相好的一位姐妹家里。这位姐妹艺名叫"小元宵"，文华也叫她"干妈"，她还有一位胞姐叫"大面包"，姐儿俩都和魏墨香一起唱老鸳鸯调，姐姐"大面包"的女儿长大后也唱"老鸳鸯调"，在天津颇有名气，就是朱凤霞。

话说东北天寒，锦州的天气冷得早，一家人依靠春装已经快要支撑不住了，又没钱重新置办，经过反复商议，决定让文华为魏雅山带路，父女俩回天津找文华的干娘"小元宵"，拿过冬的衣被。

一个没眼的盲人，一个不到十岁的孩子，要走那么远的路，又是兵荒马乱的不太平，实在让人担心。然而这也是一个没有办法的办法。

舅姥爷向他干活那家饭店的老板借了一些钱，先给爷儿俩买了回天津的车票，剩下的钱分为两份，一份是买返程车票的，魏墨香用针线缝在文华的衣领里，另一份是路上的盘缠，也缝在了文华的裤腰带上，还不停地嘱咐：省着点儿花，千万别丢了。

文华拉着父亲的马竿儿，踏上了回津之路。

一路行来还算顺利，随着"咣当、咣当"单调的机械声响，列车缓缓前行，前面就是山海关，爸爸说，过了山海关，离天津就近了。

"咣……当"，火车停靠在山海关车站。随即，旅客们被告知由于前方战事激烈，交通断绝，列车只好无限期暂停，旅客们必须下车。前不着村后不着店，所有人都不知所措，年幼的文华领着盲眼的父亲，更是惊恐万状。

惊魂稍安，又有一种感觉强烈袭来，饿！

　　看看周围，由于战事的原因，店铺、饭馆、旅舍一概停业，父女俩一商量，决定朝着人迹稠密的地方走。文华拉着父亲的马竿儿，往有房屋的地方走，果然附近就有一片小村落，想着火车随时都会开动，所以也不敢离开太远。

　　因为不知道会在此地耽搁多久，文华舍不得花掉妈妈给的饭钱，她要把这少得可怜的几个钱留到万不得已的时候。饿怎么办？文华决定挨门讨饭。

　　尽管村子里的人们都很穷，但是看到一个小女孩领着盲眼的父亲要饭，都忍不住心生怜悯，半个窝头、一块饼子、几口稀饭，一个财主家竟然还给了一个馒头，父女俩谈不上吃饱，只是略微填充一下辘辘饥肠。只有一次，实在没要着一口吃的，听见文华带着哭腔还在乞讨，父亲不禁心疼，劝说女儿找了一个极其简陋的饭铺，爷儿俩一人吃了个半饱，这使文华感到说不出的满足，父女俩就这样熬了三天。

　　第三天，消息传来，道路通了，火车可以重新启动，可是来时的车票不算数了，需要重新购买车票。父亲眼睛看不见，买票的重任就落在八岁的文华身上。

　　三天的火车一齐滞留山海关，放眼一看，人群无边无沿，还没开始售票，窗口前早已经排成了两条看不见头尾的长龙，文华傻眼了，一下子蹲在了地上。

　　一蹲下，她忽然眼前一亮，计上心头。把爸爸领到人群外边的一个角落，她反复叮嘱，叫爸爸千万别动，等着她去买票。魏雅山心里着急,又没有任何办法,只好听从女儿的安排。

安顿好父亲,文华重新回到长龙的最后,小姑娘一狠心,就趴在了地上,手脚并用,竟然在大人们的两腿中间爬行起来。她觉得这条人腿胡同仿佛没有尽头,她觉得自己就要支撑不住了,她真想趴伏在地上不起来了,但是她不能,瞎眼的父亲还在等她买票,母亲和弟弟还在锦州等她拿回衣被过冬,她咬着牙,使劲儿向前爬。

终于,她的头碰上了一个人的大腿,文华一抬头,看见一双和蔼的眼睛,一位五十来岁的先生,正关切地看着她,再抬头一看,原来已经到了队伍的最前头。文华一下子趴在地上,一是累得筋疲力尽站不起来,二是怕人看见不敢站起来。

那位先生,低低的声音是南方腔:"你干什么呢?"

文华趴在地上,不停作揖,用几乎听不到的声音回答:"买票!"

南方先生点点头,又摇摇头,文华明白,是让她别出声,她双手放到身侧,做出戏台上女子"万福"的手势,表示感谢。

旁边的几位,都看到了这个爬过来的小女孩,或许误认为是南方先生带着的淘气女儿,因此谁也没说什么。

这时,售票窗口的小门开了,人群一阵骚动,南方先生一点首,文华"噌"地站了起来,小手举着钱就往窗口里伸。

后边有人不干了，一个小伙子大步跨过来，一把抓住文华，就要把她拎出去，文华吓得大哭，嘴里还不停地哀告："大爷，放开我吧！放开我吧！"

就在这时候，那位南方先生拉住小伙子，先把文华扶住站稳，然后，郑重地鞠了一躬："这位先生，您看，这孩子最多也不到十岁，她是从咱们的腿下爬过来的。您看那边站着的那个盲人，是她父亲，这几天他们父女俩都在这个车站上。您看看，多可怜，就让她先买了吧。这孩子人小不用买票，最多只买她父亲一人的，耽误不了大家，谢谢，谢谢！"说着，又是双手作揖，高举过头。

小伙子沉默了，众人也都默默点头，文华脸上挂着泪，买了头一张票。

拿到车票，文华转过身，对着南方先生屈膝要跪，被一把拉住，那位先生一语不发，只是摆摆手，示意文华快走。望着这位素昧平生的恩人，文华再一次流下眼泪。

这份恩情，她牢记了七十多年。

拿到车票，文华撒腿就朝父亲跑去，一边跑一边喊："爸爸，我买着票了！"惊魂未定，加上欣喜兴奋，喊得岔了音。

魏雅山伸手拉住气喘吁吁的女儿，说话也岔了音："好闺女！"父亲说不下去了。

文华拉住父亲，快步往进站口走。到了近前，她不禁又愣住了，进站口的大铁门被人群挤得东倒西歪，门口被死死堵住,人们挤成一团,大人喊孩子哭,乱成了一锅粥。

文华愣住了,自己身小力薄,父亲又看不见,这可怎么上车呀?!

就在父女俩的身边,有几层台阶,一个穿着铁路制服的男人站在最高一层,拼命挥着手,高声喊着:"都别挤,都别挤,挨着个往里走,这样谁也上不去!"

他喊得声嘶力竭,却起不到半点作用,上车的人越聚越多,场面已经失控。

穿着铁路制服的男人急了,一低头看见文华父女俩,他一把夺过魏雅山的拐杖,朝着拼命拥挤的人群一通乱挥。木拐杖打在人们头上,有一个小伙子额头被打破,流了血。

看见血,文华更害怕了,她一把抱住拐杖,带着哭音喊道:"别打了!快把拐棍给我,那是我爸爸的眼,没它我爸爸走不了道儿。"

那人一听,又低头看了看魏雅山和文华,一边把拐杖还给文华,一边冲爷儿俩喊:"别愣着,快,打我这边过去。"说着用力推开身边的人墙,文华拉着父亲一溜小儿跑,总算进了站。

进了车站,眼见着列车,就是上不去,车门前里三层外三层,父女俩被挤入人群中,矮小的文华脚离了地,身子悬空。汹涌的人潮几退几涌,挤散了文华和父亲,魏雅山被裹挟在人群中推上了车,小小的文华落在了车门外。

魏雅山伸手没摸到女儿,急得大声喊:"春子,你在哪儿啦?"

"爸爸,我在这儿呢!"声音来自车门外,魏雅山心中大惊,不禁大声喊道:"爷们儿,爷们儿行行好,让我闺女上来吧,她是我的眼啊!"一边喊,一边就要跪下,可是周围人挨人地拥挤着,根本就没有空地容他跪下。魏雅山只好不停地作揖,不住声地呼喊。

车下,文华撕心裂肺地哭叫着,她知道火车一旦开起来,自己就会被丢在这个陌生的地方,心里充满了恐惧。忽然,她觉得被人抓住了衣领,随即身子就悬在半空中,停住哭喊,她看见自己被一个高大的男人拎着,那高大的男人一手提着文华,用力挤过人群,挤进车厢,文华的双脚刚刚沾上地板,就听"咣当"一声,火车开动了。

文华紧紧拉住父亲的手,魏雅山连声高喊;"是哪位爷?您在哪儿呢?"没有应答,那位好心人早已经挤进车厢。

文华和父亲,这短短的几分钟差一点就成了生离死别,惊魂未定的爷儿俩抱头痛哭。

尽管人多拥挤根本没有座位,尽管没有食物没有水,但是父女俩紧靠在一起站在车窗边的一个角落里,彼此心里都觉得安稳,他们以为凶险总算过去了。

谁知道一波未平一波又起,车刚开了几步就又停住了,原来是日本兵上车搜查,这一来,恐怖气氛又笼罩了整个车厢。日本鬼子气势汹汹，用刺刀在人们的行李、背包上随便乱戳，众人躲闪不及，惊恐万分。因为妈妈把买回程车票的钱缝在文华的衣领中，并且反复叮嘱千万不能丢，文华一路上总是不断用手摸衣领，摸摸那钱还在不在。这会儿心里一害怕，小手不由自主紧紧攥住衣领。日本兵多坏啊，他们一眼就看出小女孩一手紧紧捏住衣领，神情慌乱，走上来不由分说，拨开文华的小手。

听到女儿的惊叫，魏雅山一边伸出双手摸索，一边大声说："怎么啦？怎么啦？别碰我的孩子！"日本兵回手一掌，魏雅山的嘴角立刻流出了鲜血，文华大声哭着去扶父亲，却被日本兵拦住，一把撕开衣领，把那少得可怜的几块钱全数抢走。

文华心疼父亲，恨极了万恶的日本鬼子！全车厢的人有的被抢了东西，有的被抢了钱，还有的跟魏雅山一样无故挨了打，众人敢怒不敢言，只盼着这几个恶鬼赶快下车，盼着这段艰辛危险的旅程赶紧结束。

一路上历经艰难，列车终于到了天津。

到了天津，魏雅山带着文华直奔南市，去锦州前，他和妻子魏墨香以及"小元宵""大面包"姐妹一起在南市的小园子里演唱。果然，他们在南市的小茶园找到了"小元宵"。文华看见干妈，想起一路上的艰难，不禁放声大哭。"小元宵"听魏雅山简略叙述了一路的经过，也忍不住抱着文华哭了。跟着干妈回了家，文华终于吃了一顿又可口又丰盛的饱饭！

虽然自家生活并不宽裕，干妈还是倾其所有，帮父女俩了打点了过冬衣被，并且为两个孩子添置了几件新衣，又东借西凑，给他们买好了车票，父女俩不敢耽误，两天后启程回锦州。

四、旅馆惊魂

回到锦州，魏墨香带着文亮还在那个小店里等着父女俩。这爷儿俩一路涉险，那娘儿俩也是苦苦度日，好在一家人终于团聚，后来又在当地热心人的帮助下找了一个住着二十几户人家的大杂院租房住下，总算安顿下来。

魏文亮五岁了，天真可爱、聪明过人，白天撂明地，他成了打钱的主力，观众都特别喜欢他。由北京来到东北的相声艺人张文斌看出这是一个难得的好苗子，找到魏雅山夫妇，要收文亮为徒。魏氏夫妇求之不得，自此，魏文亮开始了边学艺边卖艺的生涯。

晚上，文华继续拉着父亲的马竿儿去卖唱，由串饭店又增加了串旅馆，就是在晚上八点多以后，住宿的客人入睡之前，到旅馆的各个房间，请求给客人唱几段小曲。旅店老板看着一个小女孩，拉着盲眼的父亲，心生怜悯，不但允许他们进入，还吩咐服务员照顾他们，多行方便。每天晚上能喝上一点热水，父女俩就觉得特别满足，魏雅山常常感叹：这世上还是好人多啊！

文亮跟着师父撂明地，文华串饭店、旅馆，魏墨香就可以少出去唱几场而在家里操持家务。两个孩子尚且年幼就能帮忙养家，常常引得同是贫苦人家的邻居们赞叹、羡慕。

一天邻居家的大嫂领着自家的两个姑娘来找魏雅山，请求魏雅山教两个女孩唱曲儿，好跟文华一起卖唱挣钱。

魏雅山一口回绝。倒不是他小气，怕邻家姑娘学会了抢了自家的生意，而是他深知卖艺的艰辛。两个姑娘大的十八、小的十六，都长得眉清目秀，自己带着三个女孩串旅馆，自家的春子年幼还好说，这两个姑娘正是花朵一般，旅店住着三教九流、各色人等，是鱼龙混杂之地，如果遇到紧急情况，自己一个盲人如何应付，万一有个闪失，怎么跟人家交代，这责任是万万担不起的。

同住一个大杂院，自然都是穷人家，两个姑娘看春子妹妹小小年纪就能挣钱养家非常羡慕，也想像她一样学会唱曲儿替父母分忧，此时一听魏雅山不愿收留，情急之下双双跪倒在地。魏雅山、魏墨香夫妇都是善良的人，穷人最知道穷人的苦，看两个姑娘这般诚心，魏雅山只好点头应承。并且嘱咐文华，虽然两个姐姐比她年纪大，但是从没学过唱，要文华教教她们，将来一起出去，也要多关照。文华答应得特别痛快，有两个姐姐做伴，她打心里高兴。

魏雅山教了几段小曲，又教了几段评戏的唱段。两个姑娘虽然初学乍练，却非常用心，加上年轻、记忆力强，不几天就学会了。爷儿四个一起去串饭店、旅馆，每天晚上每人分得一两毛钱，虽然微薄，毕竟是一点进项。

为了保险，每次进到客人房间"递活"，就是请客人点唱，魏雅山都叫文华去，一来是文华有经验，嘴甜，不怯场，最关键的是文华年龄尚小，不至于引起什么麻烦，等跟客人谈好了，两个姑娘再进到房间演唱。

饶是这么小心，还是出了事。

那天房间里的两个男人都穿着军裤，大咧咧地坐在椅子上，文华看他们答应了听唱，便说："我两个师姐在外边呢，我把她们喊进来，给您二位唱几段。"

一个男人站起身，说："哦，还有俩呢，我看看。"

说着跟文华一起走过去，来到门口，看见一个盲人带着两个妙龄少女站在门外，突然，他把文华往外一推，一伸手把两个姑娘拉进门去，随即关上房门，并"咔嗒"一声上了锁。

魏雅山立即明白发生了什么事，他跪倒在门外，不住声地哀告："二位爷，行行好，放了俩孩子吧！她们是我的徒弟，是他们爹妈托给我的，这、这……哎呀，我没法子交代啊！爷们儿，行行好，快开门吧！"

屋里，传来了两个姑娘惊恐的哭声，门外，父亲跪在地上苦苦哀求。文华急得手足无措，她虽然年幼，可是也知道危险迫在眉睫。忽然，她灵机一动，撒腿就跑，直奔经理办公室。

文华几乎是扑倒在地，冲着经理喊道："老板，叔叔，快、快、快救命吧！"

经理吓了一跳："怎么啦？孩子，快起来说。"

文华并不起身，只是跪直了身子，把事情说了一遍。

经理听了文华说的房间号和那俩人的打扮，知道那是两个国民党伤兵，禁不住有些犹豫："哎呀，那是两个伤兵，弄不好身上带着枪呢，惹急了他们，就得把我这个旅馆砸了。这个……"

文华急了，高声喊着："不行，您非管不可，我俩师姐出了事，我爸爸就得急死，我们一家子可怎么办?!您、您要是不管，我就撞头，撞死在您这屋里，让你给我偿命！"

经理吃了一惊，他想不到这么小的孩子会说出这样的话。文华看经理神色变了，也赶紧换了语气，哀告着说："叔叔，您赶快救救我师姐吧，我求求您了！我给您磕头！"说着，就真的磕了一个头。

经理也怕事情闹大招来麻烦，叹了一口气，扶起文华，急忙叫来领班、服务员一群人，拿着备用钥匙来到房间门口。打开房门，见两个姑娘缩在墙角浑身打战，那两个伤兵还在喝酒，众人一见，都暗暗松了一口气。

经理仗着占理、人多，赔着笑脸冲那俩人说了许多好话，并许诺给二位找来漂亮姑娘陪伴，然后招呼连急带吓已经瘫软在地的魏雅山赶紧带着女孩子们离开。

这一场风波，虽然"无险"，这一"惊"却着实不小。魏雅山越想越后怕，出了旅馆先送俩徒弟回家，把姑娘们交给她们的父母，他一边道歉一边嘱咐："别让孩子干这一行！"

从此，魏雅山再也没收过徒弟。

也正是因为这番历险，魏雅山、魏墨香夫妇对于女儿也多了一番担忧，春子会逐渐长大，总是这样在饭店、旅馆中卖唱，终究不是长久之计。

正当魏氏夫妇为女儿忧心忡忡又一筹莫展之际，好运气忽然不期而至。

五、逃离锦州

那个时候他们一家在锦州的一个花园里撂地卖艺，一家人演得热热闹闹，吸引了众多观众。一天傍晚，刚演完收拾场子，一位穿戴讲究的先生走过来跟魏墨香说话，先是夸奖一家人演得好，随后提出愿意介绍他们一家去园子演出。

魏墨香喜出望外，要知道从撂地到进剧场无异于一步登天，并且还是一家百货公司大卖场里的园子，楼上楼下都是商铺饭馆，风吹不着雨淋不着，再也不用看天吃饭，真是想都不敢想的好事。

魏文华当时年纪太小，已经记不清那位引荐人是什么身份以及姓甚名谁了，她只记得进入剧场以后，演出环境大大改善，随之，一家人的生活也有了起色。以前是"刮风减半，下雨全无"，现在则是风雨无阻。观众也不再是跟自己一样的穷苦人,而是来购物、吃饭或是专门来看杂耍的有钱、有闲阶层,打钱也容易得多。

文华、文亮姐弟俩因为年龄小、嘴甜、机灵,成为打钱的主力,文亮本来就有人缘,再"叔叔大爷"这么一叫,自然想给五分的就给了一毛。而文华则另有一项"专职",有观众喜欢哪位年轻的女演员,要单点她唱哪一段,往往叫过来文华,让她去告诉某某某,专唱哪一段,这时文华便把头一歪,露出可爱的笑脸:"我这姐姐唱是没问题,可是您得另加钱!"

"那当然!"说着拿出一块一,那一毛钱就成了文华的"劳务费",文华则跑到后台,把一块钱交到某位姐姐手里,代观众点唱。

在文华的记忆里,那段时间是从天津到锦州后最好的一个时期,一家人挣的钱不仅能吃饱穿暖,偶尔还能请求妈妈给做点儿好吃的。家人相守、有吃有穿,动乱的年代里,还有比这更值得庆幸的吗?!

哪知道,好景不长!

那个时候战争时断时续,锦州城里驻扎了不少国民党军队,士兵们情绪涣散,常常聚众滋事。有一天,园子里一个空军飞行员跟一个士兵因为点唱起了纠纷。飞行员自恃身份高,打了那个士兵,谁知那当兵的回驻地叫来了自己的哥们儿,人多势众又把飞行员打了。飞行员哪肯吃这个亏,也叫来了自己的同事。一时间双方大打出手,竟然无人能够制止,结果惊动了上层,出动宪兵,才震住了双方。

打架开始,园子里就乱了,演员观众纷纷跑到各个楼层躲避,整个商场也乱成一团。文华记得她跟妈妈扶着爸爸,躲到了卖衣服的柜台里,蹲下身子不敢出来。好半天以后,骚乱才逐渐平息,人们议论纷纷,说是商场门口架起了机关枪,有人把守大门,国民党士兵和空军飞行员,只要走出门来,不问青红皂白,一律责打手心五板子,打得很多人鲜血淋漓,鬼哭狼嚎。

这一场不起眼的小小骚乱,彻底打破了艺人们的安定生活,小园子被封,文华一家只好又去撂地、串饭店。

又过了些日子,听说仗打得越发吃紧,四平被围,马上就轮到锦州。一时间人心惶惶,有钱人家闻讯都已经先期出走,普通百姓们也开始惊慌起来。魏家本来就是外乡人,在锦州既无财产也无亲友,于是决定离开锦州,返回老家天津。

同行的还有魏文亮的师父张文斌。

张文斌孤身一人,自从收了魏文亮当徒弟,就拿魏家当成了自己的家。撂地回来一起吃饭,晚上给文亮说完了活才回到小旅馆睡觉,挣了钱全放在一起由魏墨香掌管,张先生只拿一些零花钱。他拿文亮当自己的儿子,魏雅山夫妇也拿他当自己的兄弟,真是亲如手足。现在魏家全家要回天津,张文斌也决定跟徒弟同行。

魏雅山提出,离开锦州第一步先去绥中县,因为他记起有一位同族的三哥,早年去了绥中县,先到那里歇一站,再往前走就是河北省,离天津城就近了。

舅姥爷工作的那家饭馆,老板早就带着家人跑了。舅姥爷就捡了点大号的碟子、碗等餐具,卖了点钱,买了一辆小推车。穷人家没有细软,但是衣服、被褥和简单的锅碗瓢盆总得带几件。魏墨香是缠足,走路不方便,就让她坐到车上。文亮走累了,也在车沿上坐一会儿,几岁的男孩太好动,不小心胳膊蹭到了车轮上,流了很多血,害得妈妈心疼得直掉眼泪。

从锦州到绥化,健壮的成年人三天就能走到,可是这一队老弱病残,竟然走了八天。幸好那时候辽沈战役已近结束,他们途经的农村都已经解放了,老百姓生活好了一些,看到从战区逃过来的人都愿意帮助。他们一家有时候也会临时拉个场子演几个节目,半卖艺半求帮,老乡们送来些棒子面、秫米、半棵大白菜,一家人就地生火做饭。住宿就在一些没人住的空房子里,那时候因主人逃离而荒芜的房子随处可见,总算没至于露宿荒郊。

六、由绥中县到秦皇岛

历经磨难,一家人终于到了绥中县。

说是来投亲,其实根本就是无处投奔,魏雅山与族兄魏岐山分别多年没有联系,现在虽然到了绥中,可是谁知道魏岐山在哪里呢。

进了县城,舅姥爷决定打听一下,正好迎面走来一人,穿戴整齐,舅姥爷迎上前去,客气地打招呼:"这位先生……"

来人原本低头走路,听舅姥爷一叫,才停住脚步抬起头,看见面前这一家老幼,忽然他的目光在魏雅山脸上停住了,端详片刻,突兀地问了一句:"我说这位,你是雅山吗?"

魏雅山一愣,在这个陌生的地方居然有人叫出了自己的名字,连忙答应:"对,我叫魏雅山!"

"雅山,我是你三哥啊!"

"啊?"魏雅山不禁一声惊呼,"我三哥,魏岐山?"

"对呀,就是我。"魏岐山上前拉住了魏雅山,"你们怎么来啦?"

一家人大喜过望,没想到进入绥中第一个碰上的人,就是要找的人,天下这种巧事确实不多。

魏岐山也是又惊又喜,不由分说,先把族弟一家领到自己家中,介绍给自己的妻子和三个儿子。那个时候大马车是县城的主要交通工具,魏岐山在绥中开了一间经营大车配件的商店,买卖做得不错,属于殷实人家,弟弟一家的到来对于长久远离家乡亲人的魏岐山来说可算意外惊喜。三大娘张罗着打酒炖肉蒸馒头,孩子们见到了肉真是欣喜若狂;大人们坐在炕头上长谈,说起这些年的经历,不禁唏嘘不已。

　　恰巧，绥中县有一个能坐四五十人的小剧场，前几天也是逃难来了一家人，姓彭，是个家庭评剧班子，正在这个小园子里演出。因为人手不够，生意很惨淡，魏岐山的大儿子就建议叔叔一家参加演出。两家见面一拍即合，决定联合演出。

　　那时候绥中县已经解放，老百姓生活比从前舒心了，因此评戏、小曲儿、相声的组合演出很受欢迎，几乎天天满座。然而不久，彭家离开了绥中县返回故里，场不够演出也就无法进行了。魏家和彭家一样，都是路过绥中，尽管三大爷一家极尽亲情地照顾，但终究不愿久居，魏雅山夫妇还是一心要带着孩子回到天津老家，于是也决定启程。

　　当时消息闭塞，不知道天津方面的情况，因为绥中县距离秦皇岛较近，有去过的人回来说，秦皇岛已经解放，人们生活安定，市场繁荣，也相对富裕。魏雅山、魏墨香决定先去秦皇岛，那里离天津更近，一旦打听到确切消息，回天津也更方便。

　　三大爷魏岐山给一家人买了火车票，魏雅山一家一路顺利地到达秦皇岛，头一天安顿下来，第二天就上街撂地。魏墨香唱功出色，魏文华清纯可爱，特别是魏文亮，年龄那么小，相声却说得那么好，既沉着老练又童趣十足，不几天名声便传遍全城，随即"雨来散"杂耍园子的老板找到魏氏夫妇，一家人进了"雨来散"。

　　对于魏文华来说，秦皇岛最美好的记忆是"九姐妹"。

　　那是后来，他们又进了一家更大的剧场，这里云集了当时秦皇岛著名的曲艺演员，曲种也是极其丰富，包括魏文华在内的九位年轻女艺人，虽然相识不久且又年龄相差很大，但是艺亲人投缘，于是拜为姐妹。文华除了继续唱小曲儿，还跟大姐高银环学唱西河大鼓，跟二姐高翠环学唱唐山大鼓，她尤其喜欢唐山大鼓，用唐山语音唱，挂点儿"侉"味儿，却是伶俐俏皮，非常好听。文华聪明，嗓子也好，学了《刘金定观星》《高君宝闯山》等几段，没几天就上台演唱了。这些丰富的积累，为她日后说相声时主攻学唱奠定了基础。

　　在秦皇岛生活的一年多，是文华童年记忆中最安逸的日子，跟锦州相比真有天壤之别。剧场环境好了，收入增加了，生活也安定平稳了，尤其难得的是跟同行们同台演出，文华、文亮姐弟俩有了很多伙伴，生活平添了不少乐趣。

　　清晨，秦皇岛美丽辽阔的海滩成了年轻艺人们的练功场，年幼的孩子们更是边练功边玩耍。女孩子们被五彩斑斓的贝壳迷住了，一边喊嗓子背词儿，一边弯腰拾贝壳；男孩子们看见远处的大礁石，十分好奇，一溜烟儿往前跑，还告诉女孩子们"那里肯定有更漂亮的贝壳"，于是一帮人就都爬上礁石尽情玩耍。

　　正当孩子们高兴地说笑打闹的时候，忽然九姐妹中的六姐叫住了大家："快看,岸边有人冲咱们喊话呢!"

大家一起回头往岸上看,有几个人一边喊话一边招手,一个年轻小伙子飞速跑来,大声喊道:"快上岸,涨潮了,快跑!"

孩子们不知道什么是涨潮,但是看见小伙子涨红的脸庞,也意识到有了危险,扔下手里的东西,大的拉着小的,拼命跑起来。到了岸边还没上岸,回头看时,刚才还在上面玩耍的那块礁石,已经被海水淹没了。

七、正式说相声

魏文华正式登台说相声,也是在秦皇岛。

秦皇岛的演出非常顺利,收入增加,生活也安定了,魏家一家人感到从未有过的顺心。魏墨香夫妇商量着,积攒一些钱,要给文亮的师父张文斌娶妻成家。就在这个时候,张文斌却生病了。

张文斌与魏家的交情起源于锦州,他见到年幼的魏文亮,觉得是一块说相声的好材料,就收为徒弟,精心教诲,多年来爷儿俩教学、演出形影不离。魏雅山全家都是忠厚、善良的人,他们彼此以诚相待,结下了深厚的情谊,虽非亲生,却胜似骨肉。

张文斌生性要强,虽然跟魏家夫妻情同手足,把文华、文亮当成自己的儿女,但是总不愿意给大家添麻烦,他的病一直瞒着、拖着,直到不能登台了。

师父病了，文亮没有量活的，也无法演出。他们师徒俩的这场相声是剧场的主打节目，这一停演难免影响票房收入，老板当然很着急。这一天老板又来家看望，说是探病，其实也有催促的意思，

剧场经理刚走，师父张文斌就喊徒弟，闻声而来的不光是文亮，还有文亮的爸爸妈妈和姐姐文华。

师父说："文亮，刚才我答应人家了，今天晚上你就演出。"

"师父，"文亮一听可高兴了，"太好了，师父您病好了，咱们又能演出了。"毕竟是孩子，他想只要师父能出去演出，肯定就是病好了。

师父乐了："傻孩子，这病哪是我说好它就好了的！我不去！"

"啊？您不去？那谁给我捧啊？"文亮纳闷，魏雅山夫妇也很奇怪。

"叫你姐姐给你捧！"张文斌跟文亮说着话，转眼去看文华。

"我姐姐……"魏文亮语气里带着失望，魏雅山、魏墨香也是很感意外。

文亮直接表示不满："师父，那可不行，我姐姐她不就会个《六口人》吗？她哪能给我捧哏呢！"

文亮说的一点儿不错。文华平时也跟着弟弟叫张文斌师父，她也真拿张先生当自己的师父，可是却没正式跟张

先生学过,就是有一回她听会了一段《六口人》,闹着玩儿一样让张先生给说说,张先生一听挺是那么回事,便一句一句地教了一回。郑重其事地学,她确实没有过。

所以文亮今天才毫不客气地这么说。

听文亮这么一说,连爸爸妈妈面露难色,张文斌却胸有成竹地笑了:"文亮,你别担心,我说你姐姐行,她肯定能行。"又转头跟魏氏夫妇说,"大哥大嫂,您二位也别担心,我每次给文亮说活,春子都在一边听着,她虽然不说话,可是她那神态、表情我都看见了,她都听进去了,也都听懂了,今天就让这俩孩子去,肯定没问题。文亮,今天头一回,你使《报菜名》,一头沉的活,捧哏的话少,准没问题。"

"哦,师父,我知道了。"

都决定了,才想起来问问"当事者",师父叫文华:"春子,你敢去吗?"

"敢!"回答得真脆生,"不过,您现在还得听一遍,再给我说说!"

"太对了!不溜活,你敢去,我还不敢呢!"弟弟抢着说。

大人们都乐了,姐儿俩站在当地,说了一遍《报菜名》,张文斌当场做了指点,满意地点了点头。

当天晚上,魏文华作为一个相声演员,正式登上舞台。

张文斌看到两个徒弟的成功十分欣慰,但是他的病情却急剧恶化。魏墨香、魏雅山把全部积蓄都拿出来给他治病,终究也是徒劳,张文斌不久就故去了。

魏文亮打幡儿,魏文华抱罐儿,姐弟俩披麻戴孝安葬了师父张文斌。

安葬了张文斌,全家人都觉得心里空落落的。文亮失去最疼爱他的师父,小小年纪竟然意志消沉。文华还没来得及跟师父正式学艺,仅凭旁听得来的那点儿东西实在有限,没有师父把关,小姐儿俩不敢上新活,她只好边给弟弟捧哏边继续演唱唐山大鼓。再加上同台几位年长的演员陆续离开秦皇岛,影响了演出,剧场的情形也不太好,姐弟俩也对这样的演出兴趣索然。而魏雅山、魏墨香一直都没放下返回故乡的念头,于是一家人决定回天津。

这个时候华北已经解放,一家人顺利回到天津。

第二章 青春时光

一、拜师武魁海

回到天津，一家人在谦德庄找了一家小旅馆住下。魏雅山找到当年一起唱老鸳鸯调的伙伴刘傻子，刘傻子既会唱老鸳鸯调的前脸儿，也会说相声，在小刘庄一个小园子里带着两个女儿演出，文亮、文华就加入了其中。

每天在小刘庄演出结束后，小姐儿俩一路走回谦德庄。谦德庄附近小剧场林立，有专演北方越剧的、有专演评剧的，还有专演话剧的，姐儿俩不急着回家，而是去各个小剧场看戏，无论什么剧种，他们都看得津津有味，当然最喜欢的还是相声。

谦德庄专演相声的剧场是新华书场。

那天姐儿俩又去听相声，被剧场的甘经理看见了，经理看着这两个孩子长得很像，都是圆脸大眼睛，不禁心生几分喜爱，看他们听相声十分认真，不像是一般看热闹，决定搭讪几句："小孩儿，你俩是一家的孩子吧？"

"是，"文亮笑着答话了，"我们是姐儿俩！"

"哦，干吗来啦？"

44

"叔叔，"这回是姐姐文华说话，"我们俩听听相声！"

"好，听吧！"甘经理履历丰富，一看这两个孩子虽然文静有礼貌，说话却毫不怯场，忍不住又问了一句。"你们姐儿俩是干什么的呀？"

"嗯，"文亮略一沉吟，决定实话实说，"我们姐儿俩也是说相声的！"

"是啊?！"甘经理点头，"你们姐儿俩也说相声？来来来，跟我上后台来。"

进了后台，迎面看见一位中年人，甘经理给介绍："这位，你们就叫大爷吧！"

这位中等个头、身材挺拔却满脸皱纹的人，就是武魁海。

甘经理热情地把他们引荐给众人，叔叔大爷、哥哥姐姐一通招呼，小姐儿俩看见有年龄相仿的同行，非常开心，其中有一位高个、面色黝黑的少年，不说话，只是点头笑笑，这个少年就是刘文亨。

甘经理与姐弟二人真是有缘，先是跟武魁海说;"您看这俩孩子，多爱人儿！"接着转向他俩，"明天过来说一段儿啊？"

"好啊！"姐弟二人爽快地答应了。

第二天，文亮逗、文华捧，姐弟俩在新华书场演了一段《报菜名》。虽然是一段人人都会的节目，却因为同胞姐弟的默契配合，说得别有情趣，甘经理高兴，观众高兴，有一人更高兴,那就是武魁海。

说起武魁海,在天津相声界很有一号。他身怀绝技,捧、逗俱佳,擅演难度很高的"八大棍儿",尤其学唱,业内称"柳活",颇有独到之处,是京津两地公认的活路宽泛、使活全面的相声名家。不仅艺术好,武魁海的人品也是有口皆碑,他侍母至孝,为人正义公平,很得同行尊敬。就是有一点,性格过于耿直,未免显得有点"怪"。

他"怪"的表现之一,就是曾经公开宣布"不收徒"。

可是自从见到魏文亮、魏文华,他就打心眼里有说不出的爱。文亮、文华呢,自从加盟新华书场,跟武先生接触很多,特别敬重爱戴这位慈爱宽厚的长辈。张文斌先生去世后姐俩就像无枝可依的小鸟,见到武先生,不知道为什么就愿意跟他亲近,这大概就是人们常说的"缘分"吧!

缘分来了挡不住,魏雅山、魏墨香夫妇出面请求,武魁海"自食其言",宣布收魏文亮、魏文华为徒。

正式收徒前,师父跟文华有一番谈话:"孩子,我收你们姐儿俩,是心甘情愿的。你们都是说相声的好材料,特别是文亮,将来必成角儿。可是我还是很犹豫,为什么呢?就犹豫在你身上。你是个女孩子,说到底并不适合说相声,比如有些话,男孩儿随便说,你说就不合适;有些相,男孩随便使,你就不能使,不光不能使相,稍微有一点儿不庄重都不行，所以我就犹豫了。但是你先天条件好，不学又可惜了，师父就希望你台上大大方方，台下规规矩矩，要让观众喜欢，不能让人讨厌。"

师父情真意切，文华深受感动，她当即表示，一定遵照师父的教导去做。

师父的一席话，魏文华牢记了一辈子！

武魁海收魏文亮、魏文华为徒，举行了正式的拜师仪式，天津相声界重量级人物来了不少。魏文华、魏文亮虽然已经有多年的演艺经历，但是那都是在关外，京津两地不同于锦州、秦皇岛，不仅长辈多，规矩也大，拜师正是他们开眼界的机会。

就看这位，虽然面色平静，却是不怒自威，他一进门，在座的众人全都站了起来，"师叔、大爷、师爷"，毕恭毕敬地打招呼，这位，就是赫赫有名的一代宗师张寿臣。还有尹寿山、李寿曾、赵佩茹、朱相臣、阎笑儒、班德贵等等，可谓名家云集。磕头拜师，一一拜见了各位前辈，姐弟俩正式入门，他们之前一个叫"长江"、一个叫"春华"，拜师后才叫文亮、文华，属相声"文字辈"。

武魁海课徒严格，授艺精细，魏文亮本来就有张文斌打下的良好基础，又得武魁海传授，技艺精进；魏文华至此才正式接受正规训练，武魁海因材施教，文华是女孩子，又有一条得天独厚的好嗓子，师父便为她制定了主攻柳活、以说取胜的发展方向，于是就在贯口活、小子母活的分寸把控以及学唱的吐字发音、节奏强弱方面狠下了一番功夫。姐弟俩在师父的督导下大有长进，爷儿三个的感情也是越来越深厚。

2016 年，年近八旬的魏文华接受天津电视台文艺频道"每日笑吧·笑侃相声圈"采访时，曾经深情地回忆起恩师武魁海："我师父是很慈祥的，特别疼爱我们姐儿俩，当然在艺术上对我们要求也是很严的，特别是对我弟弟文亮。大家都知道文亮小时候因为在台上抠鼻子惹得师父拂袖而去，最后经张寿爷讲情才消气儿的故事，发这么大火就那一次，而且是跟文亮。跟我，师父连说话都是和声细气

青年时期的魏文华

的，有时候我自己练不好着急，师父还哄着我，说孩子别着急，你还小，你才干几年啊？得慢慢练啊！因为我是女孩子，

师父舍不得大声呵斥！"

对儿严厉,对女宽和,完全是中国父亲的教子方法。

既是严师又是慈父,武魁海没有家室、子女,他把全部的父爱都倾注在两个徒弟身上,文华、文亮姐弟俩也把师父当作最亲的人。

大部分心思细腻的女孩子,稍长大后都特别关心父母的生活,文华对于师父也是一样。武魁海人过中年一直单身,有热心的朋友就经常给他提亲,武魁海自己对此事有些淡然,两个徒弟可是特别赞成。

那回有人给师父提亲,订好了早晨九点在和平路的人民剧场见面,这地点好,就在家门口。文华督促师父换上一身八成新的中山装,因为师父身材挺拔,穿上中山装人显得精神,抻抻袖子、拽拽衣角,文华觉得挺满意,又摘下自己的手表给师父戴上。

武魁海一边往后躲,一边嚷嚷:"这孩子,有完没完?唉唉,这是干吗?"

"干吗?壮门面啊!别让人家看咱太穷了,连块手表都没有。"徒弟振振有词。

"行了吧?我可走了。"说着就往外走。

"师父,等等。重要东西没拿。"文华喊着追出来,手里拿着一份报纸,这是事先约定好的"接头暗号"。

看着师父拿着报纸走出院门,文华、文亮和一家人就静等好消息了。可是左等也不来，右等也不来，文华沉不住气了，是越谈越投机忘了时间吧？可是这都俩小时了，也差不多了。文华决定去人民剧场门口看看。

因为是早晨，剧场还没开门，门口挺清静，文华远远就看见师父一个人，蹲在便道牙子上抽烟。

"师父，人呢？"文华四下看看，没看见有女士。

"没人！"

"啊？没人？不是说好了见面的吗？报纸为证，您没拿着报纸晃悠晃悠？"文华逗师父。

"我打来了就在这儿，也没看见人。"

"您就在这儿蹲着抽烟？"文华心里一凉。

果然人家介绍人传过话来，其实女方按时赴约了，看见手拿报纸的武魁海蹲在路旁抽烟，一张长着皱纹的脸尤显老气，没有半点"名角"风度，大失所望，招呼都没打就走了。

"您真是的，蹲那儿抽烟多不好看。"文华禁不住埋怨师父。

一个多月以后，又有人做媒，还是定在人民剧场门口见面。文华又是净面、换衣、戴手表的一通忙活，临走还不忘嘱咐师父："您可别再蹲着抽烟了啊！"

这一次倒是没用久等，也就二十分钟，师父就回来了，这又太快点儿了！大家围上来一问，原来人家姑娘让等介绍人回话,不用听回话大家就能猜到,还是不成!

这样的相亲进行了几次,无一成功。文华、文亮和全家人都跟着着急,在姐弟俩心目中,师父武魁海很了不起,他极其聪明,虽然没有文化,但是中国史、世界史讲起来头头是道;而且艺术精湛、为人正派,在曲艺界无论长辈、平辈还是晚辈,无不尊敬他,怎么就搞不上一个对象呢?

文华忍不住嘟囔:"还是您不上心,一说见面,您先不乐意去。我就纳闷,怎么就不成呢!"

"不成就不成呗!"师父本人倒满不在乎,"不成怎么啦?我有你们俩呢,将来师父老了,你们还能不管我嘛?!"

"管!我们管!"姐儿俩异口同声。

在徒弟的埋怨和承诺声中,武魁海的相亲史宣告结束。

后来武魁海去世,又是魏文亮打幡儿、魏文华抱罐儿,姐弟俩披麻戴孝,为师父送终。

二、跟小伙伴们组团演出

新华书场、河北鸟市的业务都不错,不过人员也不少,分钱时长辈老先生多拿、晚辈们少拿也是多年的惯例。可是年轻人逐渐长大,现在要自食其力,将来还得成家立业,总拿这么点儿钱不是长久之计。几位长辈一商量,觉得现在这几个青年人已经日渐成熟,该是让他们自己闯荡的时候了,于是决定让他们分出去独立演出。

年纪稍长的是范振钰,其余的像王文进、刘文亨、张欣翰、张紫茹等也都年龄相仿,小弟兄们决定组成一个团演出。对于文华、文亮姐弟俩,师父武魁海还有些犹豫,毕竟文亮比师哥们小好几岁,文华是个女孩儿,他们姐儿俩回天津的时间又不长,师父有些不放心。

还是一次偶然事件,让武魁海下了决心。

有一天,文华、文亮的母亲魏墨香病了,可是当天下午在永和茶楼有演出,魏墨香几次要硬撑着下地,无奈头晕目眩站立不稳。文亮眼见母亲身体实在不能支撑,就说:"妈,您别去了,今天下午正好我和姐姐不演出,永和茶楼的场我们俩替您去。"

看来也只好如此了,妈妈点点头,又嘱咐了几句,姐儿俩就出门直奔永和茶楼。

茶楼经理见来了俩孩子,声称替母亲魏墨香演出,不禁有些犹豫:"今天的观众,有一半是来听你母亲唱老鸳鸯调的,结果你母亲没来,你们姐儿俩来说段相声,这、这、这行吗?"

"行!"姐弟俩未及回应,门外有人搭了话,随着声音走进来一个人,正是俩人的师父武魁海。

武魁海也是因为今天没有演出,来永和茶楼听曲,想先到后台看望,没想到正遇见自己的俩徒弟来替场。

"嚯,武先生,您来了。"茶楼经理跟武魁海是老朋友。

"是啊,我要不来,哪知道您不信任我徒弟啊!"武魁海满面带笑,看见茶楼经理莫名其妙的样子,赶紧解释:"这是我俩徒弟,我亲自教的,他俩行不行我心里最有数,我说他俩行,您信不信我啊?"

"哦!是您的徒弟啊,我信、我信!孩子们,你们演哪一段啊?"

"《汾河湾》!"文亮胸有成竹地回答。

"哦?"经理点点头。

"嗯!"师父点点头。

这一"哦"一"嗯"可是大有含意。

茶楼经理那一"哦"明显带有怀疑,《汾河湾》唱念并重、捧逗均分,是一段很吃功夫的节目,唱要唱得地道,说要说得圆满,逗要逗得恰到好处,还有身段、锣鼓点,都要求得很严格,这俩孩子都才十几岁,这么繁重的活能拿得起来?

武魁海这一"嗯"则是透着一丝欣慰,既然是替场,就得拿出点儿"高难度动作",文亮这个节目选得好;同时也禁不住有点儿担心,因为《汾河湾》唱作分量颇重,且不是他们常使的活,今天的观众对他们俩又不太熟悉,万一效果不理想,岂不让人家茶楼经理笑话吗?可别应了相声《训徒》里那句话:"师父把你捧得乌泱乌泱的,你把师父摔得啪叽啪叽的!"

因为不放心,师父都没顾上跟经理聊几句,急忙坐到台下,等着看自己徒弟的演出。

姐弟俩上场了,女孩儿文静清秀、男孩儿神采飞扬,一上来先得个"碰头好",等节目一展开,文华学唱河北梆子老生,声音高亢嘹亮,动作规范大方;文亮模仿旦角,表情、身形、眼神、手势无不形似神似,同时又把人物不懂装懂,还总是强词夺理、自圆其说的心态刻画得栩栩如生,每段学唱彩声四起,每个包袱笑声不断。观众们没想到,没听着魏墨香的老鸳鸯调,却听了她一双儿女这么精彩的一段相声,真是意外之喜。竟然还有一位老爷子咬文嚼字地评论:"这两个小童儿,男扮女、女演男,惟妙惟肖,妙趣横生,比之国剧大师梅兰芳之一子一女,可谓毫不逊色矣!"

武魁海欣喜若狂,听见观众的鼓掌欢呼和如此高的评价,他激动的心情难以言述,同时也下定决心,要让徒弟们到更自由的舞台上去闯荡一番。

两天以后,武魁海就把文华、文亮姐弟俩交给范振钰、刘文亨等几个小伙子,说:"把他们姐儿俩也带上吧!"

青年演员们先是在六合市场演早场,因为上座不理想,又转到谦德庄文富茶社,上下午和晚上都演,几个人互为捧逗,自己敛钱,年龄稍大的范振钰管理着弟弟妹妹们。小伙伴们每天在一起,在艺术上互相帮助,有不同的意见也能直言不讳地提出来,生活中说说笑笑,虽然辛苦,却是轻松、友爱,其乐融融。

文华嗓子好,京评梆越、民间小曲、单弦大鼓她都特别喜欢,而且人聪明,各种曲调一听就会,一学就像。当时正逢新凤霞主演的评剧《刘巧儿》大获成功,拍成电影后更是风靡全国,文华太喜欢那俏丽流畅的唱腔了,可是那时候没有录音机,又没有条件天天看电影,想学唱就得下笨功夫。好在高音喇叭是那个时代的标志性物件,大街小巷到处都有,都在播放那几段有名的唱段,"巧儿我自幼儿许配赵家""巧儿我采桑叶来养蚕",新凤霞甜美脆亮的声音时时在空中响起。

文华呢,走在大街上,只要听见某根电线杆子上边的大喇叭在播《刘巧儿》,便立即停住脚步,认真地听着,有时候一边听一边跟着唱,太阳晒、大风刮、过路人疑惑的目光,她一概不在乎。

终于,自己觉着差不多了,就想拿到台上展示一番。她找到捧哏的范振钰一说,范振钰点头,说好了当天下午,正活《报菜名》演完了,返场就使这段"学唱《刘巧儿》"。

下午返场时果然就演了,"巧儿我自幼儿许配赵家"一段唱罢,观众热烈鼓掌。

范振钰说:"这段唱大家都熟悉都爱听,这是快节奏的唱段。"

文华马上接口:"慢节奏的也有。采桑叶那段就是慢节奏的,也特别好听。"

"哦,那你给我们大家唱唱。"

"好,我唱唱啊!"

文华双手叠在胸前，开始唱："巧儿我采桑叶来养蚕，蚕作茧儿把自己缠。"

刚唱到这个拐弯儿的小腔儿，观众忽然放声大笑。

范振钰当时就愣住了！

按理说，观众听相声发笑是再正常不过的事，如果观众不笑，这段相声就算是表演失败，行话叫"泥了"，演员泥在台上，那是天大的耻辱；反之，观众越是笑声响亮，越说明表演成功。范振钰怎能不明白这个道理呢？问题是这个笑声太蹊跷，因为这里既没有包袱儿，也不是歪唱，魏文华郑重其事、字正腔圆，即便观众觉得唱得好，也应该是掌声喝彩声，而不应该是如此抑制不住的笑声。

因此，范振钰愣在当场。

文华不是发愣，是吃了一惊，她敏感地觉得是出了问题，词儿唱错了？没有啊！跑调了？不能啊！

这时候，就听见捧哏的范振钰低低地声音说："倒霉孩子，干吗呢？下去！"

文华以为说自己呢，转头去看范振钰，才发现师哥是半扭着身子，冲后边说话，她回头一看，哦，原来毛病在这呐！

他们演出的剧场，还是比较原始的形态，三面观众，一面有一间简陋的休息室，中间就是表演区，演员从休息室出来，就已经面对着观众，这就算上台了。

此时此刻，就在他们身后，刘文亨、王文进两个人，把裤腰带挂在那间休息室的门框上，正在做着上吊的姿势。他俩的意思很明白，听这样的唱，跟上吊一样难受！

裤腰带挂在门框上，俩人龇牙咧嘴翻白眼儿，观众能不乐吗?观众越乐,他们俩越丑态百出,直把文华精心准备的这段学唱给搅和了。

文华当场就被气哭了,范振钰也是恼羞成怒。下了台,拿出师哥的威严训斥两个师弟,刘文亨却振振有词地辩解,说文华学得不地道。

文华哭着说:"我又学又练了好些日子,跟那大喇叭学……"

文亨说:"没问你多少日子,也不管你跟谁学,就说你学得不地道。"

文华更觉得委屈了:"像不像三分样,这是老话了,我学的怎么说也有三分样了吧!"

文亨毫不留情:"你不提名字便罢,你既然说了学新凤霞,观众自然用新凤霞的标准要求你。不光新凤霞,马连良、谭富英、麒麟童、银达子,还有南方唱越剧的那些角儿,还有那些有名的歌唱家,等等等等,有一位算一位,你提了人家谁的名字,就得学得像谁。为什么只要三分样?能不能五分六分、八分九分? 学就得学个八九不离十嘛! "

这一番话,说得文华不仅止住了眼泪,而且深深地折服。她觉得刘文亨说得对极了,不仅仅是消了火,而且由衷地佩服文亨,暗下决心,一定得再学再练,要达到八九不离十。

刘文亨果然了不得，他关于学唱的见解在青年时期已经形成，并且自己遵循了一辈子。不仅学唱，他对于相声的所有技巧技能全都是精益求精，这是他后来成为一代大家的基础。

范振钰也被师弟说得心悦诚服，可是不管怎么说，一不该随便上场出怪相影响演出，二不该不顾文华是个女孩子这么不留情面，师哥硬压着两个师弟给文华赔礼道歉。俩人嬉皮笑脸，连哄带逗，使文华破涕为笑，这一场小风波才算平息。

而与文华最亲密的，还是弟弟文亮，魏文华用"相依为命，他离不开我，我也离不开他"来描述姐弟俩从幼小到青年时代那十几年的艺坛生涯。

魏文华比弟弟年长四岁，儿时在锦州，姐弟俩就是形影不离，回到天津依然如此。妈妈每天给文华五毛钱，这是姐弟俩一天的生活费，包括中午晚上两顿饭、往返坐车以及一切花销。文华把每一顿饭钱控制在两毛钱之内，按这个标准，首选的饭食就是烩饼。

这姐儿俩买一毛钱的烩饼，别人一块钱也买不来，不光饼给的多，里面还会有肉丝、虾仁、鸡蛋，都是好东西。他们姐弟俩台上相声说得好，台下待人和气有礼貌，在谦德庄一带很有人缘。文亮年纪小，又活泼好动，往往一进饭馆，自己就奔了后厨，见到掌勺的大师傅，亲亲热热喊一声"伯伯"，这两个字在这儿念"掰"，这是天津人的特殊称呼，就是叔叔的意思。喊完了，文亮便自己动手，捏几个虾仁，抓一把肉丝儿，直接扔锅里，大师傅也爱听文亮的相声，见他自己动手，并不阻止，哈哈大笑。文华带着弟弟天天吃烩饼，日子长了，竟落了一个"烩饼魏家"的外号。

再好的东西，吃多了也腻，一天文亮终于忍不住提出抗议来了，"我说烩饼魏家，"他也叫上了，"咱就一辈子都吃烩饼啦？"

"你要干吗呀？"姐姐笑眯眯地问。

"姐，咱吃了多少日子烩饼了，咱换换样儿行吗？咱来一回米饭。"

"行！"姐姐痛快地答应了。

文亮怎么也没料到，换了米饭，姐姐点的菜竟然是"辣豆"。

辣豆就是胡萝卜、旱萝卜、香干、辣椒等切丁，加上青豆黄豆，与肉皮一起熬制，是物质匮乏时代一道便宜而又简易的家常菜，这样一顿饭下来，还是一人一毛钱。

穷人的孩子早当家，那时候虽然姐弟俩有了比较稳定的收入，但是爸爸妈妈年纪越来越大，文亮下面还有两个妹妹，家里还有一位舅姥爷，这么一大家子，不得不节省着过日子。文华深知母亲持家精打细算的难处，所以才这么委屈着自己和弟弟。

59

三、在沈阳过年

沈阳之行，是受了老前辈杨少奎先生的邀请。

沈阳公余茶社是一个比较高档的曲艺演出场所，相当于天津的小梨园，杨少奎先生应约组团去驻场演出，找到武魁海，跟他商议要带着文华、文亮姐儿俩。武先生和魏雅山、魏墨香夫妇商量，都觉得这是开眼界长本事的好机会，不图挣钱，只图跟前辈一起多历练，能得到他们的指点和提携。父母所虑是两个孩子年龄尚小，于是决定让舅姥爷陪着姐弟俩，照顾他们的饮食起居。

同行的除了杨少奎，还有刘伯奎、冯立樟、白银耳等前辈，真是一个学习的好机会。因为有师父武魁海的托付，杨少奎对姐弟俩很是照顾，前辈们也都非常喜欢两个孩子。除去姐弟俩互为捧逗，刘伯奎、白银耳等前辈还常常给文华捧哏，而文亮大部分时候是与冯立樟先生合作。

晚年时的魏文华，回忆起冯立樟先生，依旧充满尊崇敬仰："冯立樟先生我们称二叔，他是张寿臣师爷最得意的徒弟，论艺术真是了不起！我们在沈阳公余茶社演出，那些坐在头一排特意来听冯立樟的，都是上层人物、有钱人，都穿着水獭领大衣，沏茶都是好茶叶，抽蓝炮台、绿炮台、美国的翻礼花之类的高级烟。冯二叔尤其擅长子母哏和贯口活，文亮跟他搭档，真是学了不少本事。冯二叔也给我说过活。其实跟老先生学习，不见得他非得教你一个完整的节目,他只需给你点拨一下,比如这个包袱儿哪里需要再紧凑一点,那个铺垫掌握好一个什么关键之处,甚至哪里要提高声音,哪里要多说几个字,这都是在舞台上几十年摸索出来的经验,这个最宝贵了。"

魏文华还回忆起一件趣事:艺术水平这么高超的冯立樟,却是不修边幅,甚至有点邋遢,不爱洗脸洗手,每到快上场时,魏文亮都一边喊着"二叔,该咱爷儿俩接场了",一边拧了毛巾给冯二叔擦脸,冯立樟还一个劲儿说:"行了行了宝贝儿,人家听的是咱的艺术,不看脸白不白。"结果常常是五官还算干净,耳朵之后、嘴巴以下带着一圈黑印儿就上了场。

在公余茶社演出之余,他们经常去沈阳北市场与同行们交往、切磋。那里的剧场跟天津的鸟市、谦德庄更为近似,偶有人手不够,他们也会帮忙演几场,跟沈阳的朋友们结下了深厚友情。

沈阳的演出非常顺利,收入也不错,一演就是半年。转眼到了年底,老板极力挽留,希望多演一段时间,杨少奎、冯立樟等人决定不回天津,就在沈阳过年。

全体人马都住在公余茶社后边的房子里,除夕夜,大家聚在一起又是吃又是玩儿,舅姥爷做了一桌丰盛的年夜饭,炖鸡、炒肝尖是魏文华最喜欢的。年三十的饺子,每个饺子里准有一个虾仁,可是由于菜很丰富,饺子倒没吃多少。东北的寒冬,室外就是天然大冰箱,舅姥爷给老先生们送过了以后,就把余下的饺子放在屋外窗台上。

初一早晨,魏文华、魏文亮起床以后,舅姥爷就忙着给他们煮饺子,到屋外一看,放在窗台上的饺子却不见了,杨先生、冯二爷昨天都给送过去呀,怎么饺子自己长腿儿跑了?满院子一找,惊动了公余茶社的老板,不一会儿,他满脸尴尬地来告诉舅姥爷,饺子被他老岳母给吃了。

大年初一,孩子们没吃上饺子,舅姥爷很不高兴,姐儿俩反而来劝舅姥爷:"您别生气了,她吃了就吃了吧,谁让您那饺子香呢!"

沈阳过年丢饺子,给文华、文亮留下了深刻的记忆,成为常常想起的少年趣事。

四、难忘老先生

魏文华这一代"文字辈"相声演员,出了一大批名家,究其原因,一是因为他们大都自幼学艺,打下了极其严格而规范的传统基础,同时在他们少年时代又正逢新中国成立,自然而然地接受了新思维新观念,使他们能够把传统技法有机地运用到新作品中,而他们的新作品又因为有传统技法的支撑而显得生机勃勃。再有一个重要原因,就是他们有幸与前辈大师亲密接触,得以耳提面命,受益无穷。

魏文华接触到的辈分最高的老先生,是著名的"相声八德"之一的周德山,艺名周蛤蟆,是马三立的授业恩师。

那时候周老虽然年事已高，但仍能到处走走，经常到园子里去，有时是给晚辈们捧哏，有时就是溜一圈儿。每当这位前辈来到魏文华他们的剧场，范振钰、刘文亨等几位年纪稍大的男孩子，就会在当天的收入当中拿出一些钱，塞到老人家的衣兜里。周德山也并不推让，总是笑着说一句："得啦，孙子！"

怎么还骂人呢？这可不是骂人，按相声界的辈分来论，周德山高出"文字辈"四辈儿，被尊称为"老祖"，他喊他们一声孙子，可算天经地义。

有一度，魏文亮跟师父武魁海合作演出，文华便又重操儿时旧业唱起了时调小曲儿，还跟妈妈学会了铁片大鼓，在各个剧场演唱。后来经人引荐，与老前辈张佩如先生合作，张师叔给文华捧哏，在天华景、天乐、大观园、大观楼等剧场演出，尤以"天祥屋顶"场次最多，那段时间的合作，使魏文华受益匪浅。

魏文华经常用崇敬的语气谈到穆祥林先生。"穆先生在计时收费演出中负责派场，"她说，"我们都叫他穆业务。这个业务可不好干，计时收费派场是临时的，要根据当时剧场里观众的情绪和心理，决定下一场派什么样的演员、演什么类型的节目，既要调剂开节目风格，又要紧紧吸引住观众，不能让人家走了。观众的反应、舞台的情况、所有演员以及所有节目都得在他心里装着，实在不简单！"

还有阎笑儒先生,马三立先生的大弟子,说、学、逗、唱全能全好,与尹寿山先生合作珠联璧合,尤其二位的《武坠子》,称绝一时。阎先生散淡平和,对所有的纷争一律漠视,只一心一意研究艺术。文华特别喜欢阎先生的学唱,先生每演《学评戏》等节目,她都要去观摩学习,有时候还要当面请教。她记得《学评戏》里有四个上句,其实不复杂,但是自己总觉得不如人家阎先生学得准确鲜明,让观众一听就有感觉,于是就向先生请教:"大爷,这四个上句我总不如您唱得好,窍门在哪儿呢?"

"哦,问窍门儿啊,就这么问?"老先生一本正经。

"还怎么问?您说!"文华知道先生逗她。

"还不得请吃顿饭吗?"

"吃饭好办,准请!"

"准请啊!好,告诉你!"于是一句一句细致耐心地指导起来,什么叫一语点破,阎先生一点拨,文华即刻醒悟,高兴地连声感谢。

"光说谢,还请不请客了?"

"请,请,您想吃什么?"

"一碗锅巴菜!"

嘻,说这么热闹,一碗锅巴菜啊!这是天津特有的早点,简单便宜。

曾经,尹寿山、杨少奎二位老先生加入到这个年轻的团队，魏文华曾多次提到这个阶段。她说事情的发端是政治原因，因为尹、杨二位前辈都是"掌穴的"，就是旧社会演出团体的主事人，所以遭受了不公正待遇，来到他们这里有点儿"发配"的意思，但是青年演员却因为老先生们的"祸"而得了"福"。二位前辈对他们在表演艺术、舞台经验、作品提炼、风格风貌等各个方面做了具体细致的指导，使他们的艺术水平显著提高。相声界历来推崇尊老敬上，虽然有关部门有规定，要给二老减工资，但是他们坚持让二老拿最高份。

那天演出刚开始，人们都在后台准备，尹寿山说话了："文华！"

"哎！"魏文华赶紧答应。

"一会儿，我给你量一个！"

"啊？！"这一"啊"有多重含义，既是疑问也是应答，更多的则是惊慌。尹寿山是师爷，在业内威望极高，这不仅因为他是连兴茶社的创办人，还因为他有着高超的捧哏艺术，为阎笑儒捧哏，二位相得益彰，声名远震；给自己，一个徒孙辈的小女孩量活……师爷还没"量"呢，魏文华觉得自己先"凉"了，先是手脚冰凉，继而全身发抖，连面部肌肉都微微颤动，整个人哆嗦了。

"爷爷！"魏文华颤颤巍巍地叫了一声。

"嗯？"老先生越是稳当，小姑娘越是惊恐。

"咱、咱使哪段啊？"

"打灯谜！"

前面说过，那时候小剧场演出区就在观众中间，胖大的尹寿山和瘦小的魏文华往当中一站，观众就乐了。

"嚯，今儿尹爷给量！"熟悉的观众打开了招呼。

"是啊，我来一个。这孩子们就是欠磨炼，不敲打永远不行！"

听师爷这么一嘟囔，文华更紧张了，连观众都有所察觉，便有人心疼小姑娘了，冲板着脸的尹寿山说道："尹爷，您乐着点儿，孩子都害怕了。"

也有人安慰文华："别哆嗦，别害怕，说啊！"

既站到这儿，当然得说啊！魏文华全力排除杂念，集中思想，稳了稳神儿，开始说了。

"相声演员啊得注意学习。"

"我就爱学习！"

"得有学问。"

"我就有学问！"

"得多知多懂。"

"我就多知多懂！"

"得脸皮厚。"

"我就脸皮厚！哎?！"

这个小包袱儿一响，气氛开始轻松，很自然入活，进入《打灯谜》正段儿，什么"远看灯笼大，近看大灯笼"啊，"天知我有，地知我无"啊，一系列的包袱儿进行得十分顺利。

接着就到了节目最重要的部分：

捧：这都什么乱七八糟的！有好的没有？说点儿那好的，说点儿扣字儿、拢意儿的，有水平的。

逗：好的有啊，扣字儿拢意儿的，说一个怕你猜不上来。

捧：说啊！

逗：这回可不能白说，得挂点赠品，谁输了拿出五毛钱来，请观众们吃糖。

捧：可以，你说吧！

逗：我说一个——小孩儿醒了要撒尿(suī)，打一个字。

捧：我得想想，小孩儿醒了要撒尿，小孩儿睡觉跟谁睡啊，跟他妈妈，一醒了，妈，我要撒尿！哎，我把你！对，把！我还得问好了，多大的小孩儿，两生日三岁那得把，要是再大了就不用把了。哎，猜出来了。

逗；猜出来了？

捧：小孩儿醒了要撒尿，哦对了，多大的孩子？

逗：六十四！

捧：六十四？

逗：小孩儿他爷爷六十四！

捧：谁问他爷爷啦！问小孩儿！

逗：小孩儿啊，两生日三岁。

捧：那猜出来了，小孩儿醒了要撒尿，谜底是个把字。

逗：不对，不念把！

捧：念把！

逗：不念把！

捧：我说念把，你说不念把，要不咱俩呈样呈样。

逗：怎么呈样？

捧：从现在开始，我就是那小孩儿，你就是我妈！

逗：啊？我是你妈？我哪有这么大儿子！

到了这个包袱儿，魏文华一咬牙一狠心才说出来，没想到却出乎意料地"响"，爷爷辈的高壮胖大的老头，被纤弱的小孙女如此戏谑，引来观众哄堂大笑，正所谓"台上无大小，台下立规矩"。一切都挺好，恰恰到了最紧要的时刻，捧哏的尹寿山模仿小孩儿声调："妈，我要撒尿！"

熟悉这段相声的观众都知道，这个时候逗哏的应该千方百计找托词，就是不能说出那个"把"字，由此产生了很多笑料。没想到魏文华太紧张了，从上场就绷着这根弦儿，并且越到临近结束绷得越紧，这时候听见尹寿山一声："妈，我要撒尿！"她竟然脱口而出："我把你！"

全体观众，愣了有二十秒，一下子明白了，随着就是一阵大笑。尹寿山原本就板着的脸又冷硬了几分，不易察觉地皱了皱眉头，看了一眼小脸儿煞白、眼泪在眼圈儿里打转的文华，若无其事地说话了："怎么样，说出来了吧？"

魏文华已经控制不住眼泪，却又不敢哭出来，见尹师爷说话了，她不知如何应对，只是用哭腔一个劲地说："不念把嘛！就不念把！"

观众更乐了，尹寿山也哭笑不得，赶紧拿话往回找："都说出来了还不念把?！我吃的盐比你吃的饭都多，说你不行还不服气！不服气，你再说一个呀?！"

魏文华明白，这是尹师爷在领着她往下进行，赶紧接口说："再说一个就再说一个，半夜叫门问声谁，打一个字。"

众所周知，这段传统节目《打灯谜》是一段打基础的活，主要听捧逗之间的斤劲儿（指感觉，相互之间配合的默契程度）、劲头儿、尺寸，考验的是演员的熟悉和默契程度以及临时抓眼的本领。这个节目的"底包袱儿"有"小孩儿醒了要撒尿（suī）"打个"把"字，有"半夜叫门问声谁"打个"我"字，有二人见面忙握手打个"好"字，行话称为"把字底""我字底"和"好字底"，都是捧哏的千方百计地引逗，逗哏的百计千方不说这个字，从而组成包袱。

尹寿山一听文华说"半夜叫门问声谁"，暗暗点了点头，心想：不错，还是够机灵，知道再用一个"我字底"。

于是接口说："半夜叫门问声谁，我还得琢磨琢磨，比如半夜我在家正睡觉呢，有人叫门……"说着用手拍了几下场面桌，模拟敲门的声音，"'尹寿山！'我一听有人喊我，就得问啊，'谁呀？'外边准得说：'我！'对，这个字念我。哎，猜出来了，念我！"

"不对不对，不念我。"

"念我！"

"不念我！"

"我说念我,你说不念我,要不咱俩再呈样呈样。"

"怎么呈样?"

"就好比我在屋里,你在外边,你叫门喊我,我问谁呀,你回答,你只要一说出我字来,那可就算输了。"

"开始吗?"

"开始了。"

"我来找你啊!"文华说着,也用手敲了几下场面桌,"尹寿山!"

"谁呀?"

"我!"鬼使神差一般,文华不假思索,那个万万不能出口的"我"便冲口而出,得!又砸了!

观众笑得更厉害了,尹寿山又气又急,一扭头喊上了:"我说后边,有火筷子吗?把这丫头给我夹出去!"

好么,把文华当成烧乏的煤球了。

下了台,泪如雨下的文华站在尹师爷面前,惭愧得无地自容。老先生却显得很平静:"没事,孩子,这都是保不齐的事,有这一回,下回你就记住了。"

杨少奎也走过来,和蔼地安慰:"行了,别哭了,宝贝儿!这就跟打仗一样,有胜就有败。我知道,今天你尹师爷给你量活,你'顶瓜'!""顶瓜"是行话,就是"紧张"的意思,"往后多跟尹爷学,不懂就问,好好练,你虽然是女孩子,既说了相声,咱就得说好了!"

二位前辈的安抚,使文华大为感动。本来大多数老先生对于女子说相声是并不赞成的，但是今天尹师爷的量活,杨师叔的鼓励,却是情真意切,可见前辈们对自己寄予的希望,文华再一次下决心,一定要好好钻研,说好相声。

同时,她也深深体会到与老师同台表演对年轻人的促进作用,这是一种无形的教学。带着学生演一场,让学生有掌控舞台的亲身体会,比在私下讲多少课都有用,所以,在她从事教学工作以后,特别是晚年的时候,每有演出,她都要选学生担任搭档,目的就是进行舞台现场教学。

五、突飞猛进的阶段

从沈阳回到天津,文华、文亮姐弟俩再一次与师父武魁海同台演出。

这一次不同以往,是爷儿仨撑起了一整场。

为了亲自带两个徒弟,武魁海辞了河北鸟市的活儿,找到河东地道外一个小茶园,说明只师徒爷儿仨,盯一场相声大会。老板一见大名鼎鼎的武魁海,当即满口答应。

师徒三人要演两个半小时,还得自己打零钱,就是每演一段到观众席里收钱。前边是武魁海说一个多小时评书,武魁海以擅说"八大棍"著称,"八大棍"是一系列中长篇单口相声的统称,其中的《马寿出世》《张广泰回家》以及短篇单口相声《山东斗法》等是武魁海的拿手节目,不仅观众爱听,文华、文亮也爱听,姐儿俩常常听得入迷,等到师父说到一个段落,提醒他们:"我说徒弟,咱可该打钱啦!"姐儿俩才如梦方醒。

有时候文华、文亮姐弟俩没听够,就撺掇师父多说点儿:"师父,再说一段,再说一段,您看观众多爱听您啊,人家不爱听我们!"师父总是嘿嘿一乐,笑骂一句:"去吧孙子!"

只可惜姐弟俩当初一心钻研对口相声,没能继承武魁海先生的单口,至今引为憾事。

其实观众也很爱听文亮和文华,有的观众还经常给文华、文亮姐弟俩买点零食、水果。师父武魁海演完了,换上徒弟们,文华先给文亮捧一段,接着文华逗哏,师父给文华捧一段,最后是师父给文亮捧一段。观众不仅能欣赏到师徒们的精彩表演,还常常目睹武魁海现场教学,有时候姐儿俩刚说完一段,武魁海便当众指出不足,快慢强弱、声调语气,立即指出来并亲身示范,这一阶段姐弟俩跟随师父边演边学,技艺大进。

散了场分钱,武魁海往往只取一少部分,把大部分都交到魏雅山、魏墨香夫妇手里,为此,夫妻俩十分过意不去。因为两个半小时的演出,武魁海得在场上演将近两个小时,不论是按名分、声望还是实际强度,武先生都应该拿大头儿,而武魁海却毫不在意,说出话来特别真诚:"大哥大嫂,你们不用过意不去,我只有一个老娘,够我们娘儿俩吃喝就行了;你家人口多,孩子们又小,我这俩徒弟小小年纪挣钱养家不容易,咱们是一家人,还用得着分这么清吗?"

跟茶园说好了三七分账,后来老板主动改成二八,一是因为武魁海有号召力,卖座形势大好;同时老板也被他们深厚的师徒情谊所感动。

几个月以后,有一位朋友前来拜望武魁海,就是曾经跟魏文华短期合作的张佩如先生,他的女儿张文霞也是武魁海的徒弟,他的女婿就是相声演员田立禾。

张佩如先生来访,主要是跟武魁海谈一件事,他想把还未进入国营或者民营演出团体的闲散艺人召集起来,组成一个班子联合演出。这样的事武先生当然赞成,欣然把

南开区理论师资培训班结业合影

73

自己两个宝贝徒弟交给张佩如,并且客气地说:"你就替我培养吧!"

紧接着,好事来了。南开区文化科收编了这支队伍,成立了"南开区相声队",张佩如先生担任队长。闲散艺人成了区级专业团体的演员,虽然还是计时收费,但是有了固定工资和生老病死的保障,再也不用"看天吃饭",不用担心"刮风减半、下雨全无",魏文华觉得太幸福了。

南开区相声队有四个攒底演员,李伯祥、田立禾、魏文亮、魏文华,前三位的工资定为一百一十块钱,给魏文华定了九十八块。九十八块钱在当时绝对算是高工资,可是四人轮流攒底,单单自己工资低,文华心里还是有些不舒服,正是年轻气盛的时候,这也是难免的。

到底是有组织的人了,领导及时找了魏文华和唱天津时调的女演员魏玉环谈话,指出她们的艺术水平和工作表现都非常出色,但是毕竟最高工资的名额有限,有先有后是必然的,她们还年轻,机会多得很,领导表示再有名额一定优先考虑她们二人。

听了这一番话,两位姑娘心里的小不高兴顿时烟消云散,出了门姐儿俩还在议论,只要领导肯定咱们的工作表现,少几块钱又算什么呢?她们都是旧社会过来的艺人,都是小小年纪就饱尝卖艺的困苦,她们跟所有过上新生活的艺人们一样,依靠组织、相信组织,"咱听组织的,领导不会给咱们当上的!"姐儿俩达成了高度共识。

在南开区相声队,魏文华有了一位固定搭档——师叔辈的老演员张振岐先生,文华叫他"张伯",天津话里,这个"伯"念"掰",是叔叔的意思。

半个多世纪以后,魏文华在接受天津电视台"每日笑吧·笑侃相声圈"采访时饱含感情地说:"跟张伯合作真是我的福气,那个时候我将近二十岁了,已经有了十几年的演出经历,但是我逗哏的节目总是不完整,学唱,那可真叫'杂'学唱,唱段不完整,整段节目也很松散,没有气息贯通之感,给人的感觉就是展示我会唱两句。张先生建议我要把段子整理得条理清楚,既要有包袱儿,又要有内容。我当时有一个常演的节目,就是老先生帮助我整理的,前边先有几番学唱,最后唱了一段快板,特别受欢迎。张伯知道我喜欢快板,就鼓励我向专家学习,李润杰、王凤山二位大师可都教过我呀!"

说到学习快板,老太太兴奋地回忆起五十多年前,为了在相声里学唱快板,她下了私功。那时魏文华年轻聪明,不论演唱还是打板,一练就会,自学成才。有一次在后台偶遇李派快板书创始人李润杰先生,文华给李先生唱了一段《十八愁绕口令》:

数九寒天冷风飕,
转过年来春打六九头。

三月三，王母娘娘蟠桃会，

大闹天宫，孙猴儿就把那个仙桃偷。

由于不熟练，前边快了一板，她机警地在下一句闪了一板，总算是板头儿没乱。

李先生非常高兴，把文华叫到家里亲自传授了最著名的拿手节目《长征》，还有一段《朝鲜妈妈》，并且说："过两天西安的赵桂兰就来了，那是你们大师姐，你姐俩一块儿拜我吧。"

魏文华跟李老全家结下了深厚感情，她把李老的儿子、快板书表演艺术家李少杰当作自己的小弟弟，常常说起"当年老爷子还要收我呢"。后来，她收李润老的孙女、少杰先生的女儿李蕾为徒。

王派快板创始人王凤山先生也是在自己家里亲自教授文华演唱，板式、节奏、语气、感情，无不细致入微地逐一指导。文华开玩笑："凤山叔，我可笨啊，您教我有信心吗？"

王凤老乐了："当然有了，不看你是块材料，我把你叫来干吗？"

这段学习经历让魏文华引以为荣，她经常自豪地说："别看我不是快板门里的人，我可是二位大师亲自教过的徒弟！"

学习快板，对魏文华的相声表演有极大的帮助，后来她与张振岐合作表演《对坐数来宝》，受到观众极大欢迎，在武汉演出时曾经引起轰动。

六、"武汉大捷"

20世纪50年代末，南开区相声队应邀赴武汉演出。

武汉"民族乐园"是一个大型游艺中心，由众多小剧场组成，采取通票制，买一张票可以在不同的剧场观看汉剧、越剧、楚剧、川剧等各种地方戏曲，只有京剧要单独购票。

来自天津的相声演员非常受欢迎。开始大家还担心南北语言的差异会影响演出效果，但这个顾虑很快被武汉观众的热情捧场打消了，天津的相声在武汉三镇引起了轰动。

魏文华以学唱为主，青春靓丽、嗓音嘹亮，张振岐沉稳老练、托衬得当，再加上文华聪明机敏，垫话中先学了几句武汉方言，节目中又出人意料地学唱了几句汉剧和湖北大鼓，方言和唱段都是她到了武汉临时现学的，虽然不太纯熟，却也有模有样，受到当地观众热烈追捧，大获成功。

武汉有一位京剧大角儿，就是杨派武生名家高盛麟，他的夫人是武生泰斗杨小楼的外孙女，夫妻二位都喜欢相声。魏文华清楚地记得，自己和弟弟文亮应邀到高盛麟先生府上拜访，高先生为文亮指导京剧武生动作，高夫人还送给她和张文霞一人一块高级衣料。

武汉的几所大学、中学慕名邀请天津相声演员走进校园，为同学们表演并做艺术交流，场面十分热烈，又是欢迎标语,又是鲜花彩旗,来去都是汽车、渡轮接送,演员们既感动又自豪,这个说:"没想到咱们说相声的,给人家中学生、大学生讲课,这不就等于当上教授了吗!"那个说:"你说这阵势,会不会有人把咱们当成科学家?"田立禾边往外走,边说道:"哎,看我的,人家准把我当成大学者。"没想到刚出门迎面碰上一位观众,用手一指他,说了一句武汉话:"嘿,嗦相声滴田立活!"

田立禾一言不发,夹着大褂扭身回来了。大家哄堂大笑,差点儿把房盖儿挑了。

南开相声队武汉大捷,原本定了两个月的演出合同,结果演了五个月才宣告圆满结束。最后一场演出是在下午,魏文华、张振岐表演《对坐数来宝》攒底,前边的演员下了场已经陆续先到火车站了,等到火车快开了,才见文华和张先生一溜儿小跑地进了站。跟大部队会合上,爷儿俩总算放了心,但是气喘吁吁,半天说不上话来。

后来大家才知道,因为他们的节目太受欢迎,观众一再鼓掌要求返场,时间实在来不及了才不得不结束演出,结果险些误了火车。

上了车坐下,文华的心还怦怦乱跳,小伙伴们禁不住逗她:"看看,火了吧!瞧,开始你还不愿意来,说离不开妈妈!"

"你都多大了,还离不开妈妈?!离不开呀,哼哼哼……"

意味深长地几声坏笑。

老辈人不好说什么,却也会心地点头微笑,文华顿时满脸绯红,深深地低下头。

原来,此时此刻的文华,还是一个刚刚度过蜜月的新娘子,她与刘文亨新婚一个多月,就辞别丈夫奔赴武汉。

七、天生一对儿

刘文亨与魏文华,是相声圈里尽人皆知的一对恩爱夫妻。

刘文亨,在全国相声界享有盛名,说、学、逗、唱样样绝佳,尤其擅长学唱,年轻时就有"小侯宝林"的美称,无论戏曲、曲艺、中外歌曲,刘文亨学唱起来无不精妙绝伦,同年龄的相声演员无出其右者。他为人忠厚善良、淡泊名利、甘于奉献,对于艺术精益求精、刻苦钻研、永不满足,是一位德艺双馨的杰出艺术家。

刘文亨出生于一个相声艺人家庭,其父刘广文是焦少海的徒弟,说唱俱佳,尤其活路宽泛,各种风格的节目都能驾驭,20世纪40年代已经在相声界颇有名气。刘文亨生来命苦,四岁丧母,父亲常年奔走各地演出,他是跟随爷爷奶奶长大的。

跟当时很多相声艺人一样,刘广文虽然名气不小,挣钱却不多。刘文亨的爷爷在街边摆茶摊卖水,老两口含辛茹苦地养活着这个没妈的孩子,还供他上了三年私塾。

后来,生活实在艰难,书念不了了,爷爷奶奶尽管万分不舍,也不得不让刘广文把幼小的文亨送到鸟市声远茶社,交给杨少奎当徒弟,还不满十二岁,刘文亨就正式入行。

杨少奎是焦少海的徒弟,主工捧哏和单口相声,拿手节目有《君臣斗》、《三近视》《山东斗法》,他创作的《枪毙刘汉臣》《白宗卫跳楼》等至今仍在上演。他还擅唱太平歌词《单刀会》《秦琼观阵》《韩信算卦》《劝人方》等,音色优美,吐字清楚,声情并茂,极受观众欢迎。杨先生活路宽绰,技能全面,有很高的艺术造诣,还特别善于管理相声团队,以他为首,还有佟浩如、刘广文、刘奎珍等在天津河北鸟市声远茶社演出相声大会,培养了大批青年演员。从声远到红桥区曲艺团,杨氏门下人才济济,其中尤以"元、亨、利、贞、学、习、进、步"八大弟子最为出色。

而刘文亨,是杨门八大出色弟子中最出色的一个。

刘文亨首次登台,表演的是《抓茶叶》,由师父杨少奎亲自捧哏。由于这段节目要用"倒口",就是用外地口音表演,所以杨少奎上来就说:"今天几位可来巧了,我们这新来了一个'小老赶',让他给您说一段《抓茶叶》。""老赶"是旧时候天津人对说话外地口音人的戏谑称呼。

紧接着刘文亨上场,师徒二人进行表演,一段下来,不洒汤不漏水,刘文亨的倒口流利地道,观众真以为他是农村来的小孩呢。等到一打钱，他把口音又变过来了，观众觉得很新奇，这么小的孩子，口音学得这么好，太难得了，立刻给予极大的好评。此后，他又紧接着上了《豆腐堂会》等几段倒口的节目，于是声远茶社"小老赶"的名声不胫而走，少年刘文亨还未出师就崭露头角。

魏文华初识刘文亨，是魏家全家从秦皇岛回津以后。当时住在谦德庄，姐弟俩在新华书场听相声时认识了甘经理，从而结识师父武魁海，那天在后台众多同龄小伙伴中，有一个高个儿、面色黝黑的少年，当时文华并没想到，这个男孩日后会成为她的终身伴侣。

其后，青年演员们组队在文富茶社演出，这时候，魏文华才开始跟刘文亨朝夕相处。

他们都已经十七八岁了，文亨高高的个头，浓眉大眼，举止端正，少年老成；文华梳两条黝黑的辫子，小巧玲珑，文静内敛，待人礼貌亲热，总是笑眯眯的，安静可爱。

由郭沫若翻译的歌德的著名作品《少年维特之烦恼》中有句名言曰："青年男子谁个不善钟情？妙龄女郎谁个不善怀春？这是我们人性中的至洁至纯。"可见少男少女的情窦初开是古今中外亘古不变、久演不衰的人间喜剧。

没有你站在雨中我撑伞走来的浪漫，没有你身陷险境我英雄救美的传奇，他们的爱情诞生于你下场我上场的瞬间对视,诞生于冬去春来的平凡日常。没有鲜花巧克力、电影爆米花,那不由自主流露出的关切爱护,竟然源于一支香烟。

魏文华会吸烟,到了晚年还偶尔吸上一两支,少女时期却是烟瘾极盛,因为在秦皇岛结拜的"九姐妹"中,二姐有一位家里开烟厂的男朋友,常年供给二姐高级香烟,二姐钟爱小妹文华,这样的好东西当然要分享,因此文华小小年纪就吸烟了。爸爸妈妈管得严,这个嗜好不敢让爸妈知道,回到天津更是因为生活困难,没钱买烟。文华每隔一天从零用钱里拿出一分钱,买两支最廉价的劣质香烟,一天抽一支,不敢让人看见,常常是躲到厕所抽几口。

天长日久,这个小秘密被伙伴们发现了,先是老大哥范振钰,劝文华不要总抽劣质烟,常常把自己的烟送给文华。总给文华送好烟的还有刘文亨,他不善言辞,默默地递给她,都不敢跟姑娘对眼神儿。

另一位同伴王文进则生性调皮,特别爱开玩笑,跟所有这个年龄段促狭的男孩子一样,喜欢捉弄女孩儿,而性格内向、老实乖巧、没有伶牙俐齿也不会"以暴抗暴"的文华就成了他的"受害者",常常被气得眼泪汪汪,每到这个时候,出面解围的肯定是刘文亨。

"你别总逗文华,她太老实,你欺负她干吗?"

王文进不以为然:"那怎么是欺负呢?逗着玩儿!"

"她是个女孩,不能跟咱们一样逗。"刘文亨却很较真儿。

"哟,心疼了!"王文进露出坏笑,"你别再是有想法吧。光有想法没用,你追她呀,快去、快去!"

或许是被说中了心思,刘文亨又羞又恼,黝黑的脸膛成了紫红色。他人高马大,一把拎起了文进的衣领,随手甩了出去,把文进摔得直叫唤。

两个男孩打架,文华是事后听人说起的,得知详情,她不由得羞红了脸,心头小鹿乱撞。她最想知道的是,文亨为什么跟文进动了手,是因为文进说对了,还是说错了呢?

在少女的芳心深处,她希望文进的话变成现实。

魏文华是家里的长女,从小替父母分担生活的压力,不仅卖艺养家,还要照顾弟弟妹妹,刘文亨给她的兄长般的关怀,使她从心里感到温暖踏实;同时,多年的从艺经验,也使文华看准当时小有名气的文亨,将来定会成为一代名角。而让魏文华爱上刘文亨的真正原因,竟然是因为少年刘文亨的一度"沉沦"。

刘文亨十四岁在声远茶社以"小老赶"的绰号广为人知,可谓"挑帘红",同年父亲刘广文去世,爷爷奶奶年迈,没有双亲的严格管教,少年成名轻狂不羁。年纪稍长以后他一度沉湎于烟酒玩乐,用玻璃杯喝酒,抽当时最高档的"恒大"香烟,对克朗棋、台球几乎着迷,演出的收入都扔进了劝业场楼上的天宫游乐场,以至于他年迈的祖母常常去剧场后台,叫着他的乳名"小花子"找他要钱。

这番情形在刚刚走红又处于懵懵懂懂年纪的少年来说,原也不算出乎意料,可是恰恰是这种生活小节,却毁了各行各业多少后起之秀,这样触目惊心的事情,至今仍然比比皆是。

万幸的是,刘文亨虽然父母双亡,却有师父杨少奎和众多疼爱他的业界前辈。在多少长辈呵斥规劝收效甚微后,杨少奎跟自己最钟爱的徒弟进行了一次谈话。

杨少奎痛陈了一番徒弟幼小丧亲的不幸,祖父母晚年抚孤的不易,师父愈发激动,声音微微颤抖:"文亨,你是个角儿坯子,不单是我这个当师父的,有多少人都对你寄予厚望。没想到你刚有一点儿起色,就这么管不住自己,那烟酒不坏嗓子吗?那克朗棋不费钱吗?你这是毁自己啊孩子!"

师父痛心疾首的一番话,令刘文亨心头大震,如醍醐灌顶。他立即掏出香烟扔在地上,向师父保证,要改掉一切坏习气,好好钻研相声,要给爷爷奶奶养老送终,要替师门争光露脸。

从此往后,刘文亨再也没抽过一支烟。

经过这一番风波,文亨在文华心中的分量陡然加重。她佩服文亨知错就改、说到做到,她相信自律性这么强的一个男人,将来不仅会成为一个好演员,也会是一个好丈夫。

女人对男人，崇拜是爱的基础，魏文华爱上了刘文亨。

虽然相互爱慕，他们却没有形影不离地"谈"过恋爱。文富茶社之后，他们分别在不同的剧场继续演出，文华姐弟在东兴市场的时候，文亨有时候就去找她。从前台到后台，熟人比生人多，遇有人问，文亨就说是来"听活"的；有时候买点儿女孩子喜欢的零食，只是悄悄递给文华，既怕大家发觉，又不愿意让文亮看见。其实20世纪50年代，男女青年自由恋爱早已经被公众接受，只因为刘文亨性格内向、腼腆讷言，文华又是出名的听话孩子、思想传统，结果，花季年龄本该有的卿卿我我，却被他们自己搞得像地下工作者接头。

然而少男少女的两情相悦，是怎么掩饰也隐藏不住的，大家早就看出了这心有灵犀的一对儿，于是就策划着成全他们。终于，呼声最高的红娘登场了，这位红娘就是老一辈女相声演员、人称"刘老姑"的刘玉凤。

这一天刘姑姑登门造访，见面就亲热地说："雅山、墨香，我串门来啦！"

魏氏夫妇让座、倒茶，魏墨香问："他刘姑姑，您怎么有空来啊？有事？"

刘玉凤开门见山："对，有事！给我们文华说媒来啦！"

"哦，"老两口应了声，当妈的赶紧问，"您说的是谁家的孩子呀？"

魏文华,自从刘姑姑进门就一直低着头躲在墙角背对着众人,紧张得不断用手捋着自己的辫梢,当听到妈妈问是谁家孩子的时候,她在心里不停地叨念"小花子、小花子……"

就听刘玉凤朗声一笑:"这孩子你们都认识,就是文亨!你们看看,这年纪相貌、脾气秉性,真是天生一对儿!"

此时此刻,文华才轻轻舒了一口气。

很快,文华刚刚放下的一颗心,又悬了起来。送走刘老姑,魏雅山、魏墨香夫妇商量起女儿的婚事。魏墨香是一位很传统的妇女,极其尊敬和依恋自己的盲眼丈夫,家里的事都是魏雅山做主,女儿的终身大事,她更是要先听听丈夫的意思。

魏雅山对刘文亨很熟悉,也知道那是一个艺术、人品都很好的小伙子,可是对于女儿的婚事,他又有另一番想法。他对妻子说:"文华不容易,小小年纪就挣钱养家,虽然现在还不到二十岁,可是已经苦了十几年了。我盼着闺女找一个有固定工资的产业工人,将来不缺吃不缺喝。文亨是不错,可是一来也是说相声的,咱俩还不知道作艺的苦吗?二来家里太穷了,爷爷奶奶又这么大岁数,文华过了门就得伺候老人,这不跟在咱们家里一样受累受穷吗?我舍不得呀。"

魏墨香连连点头,丈夫的话说到她心里了。可是知女莫如母,她看出来女儿喜欢文亨,又不愿意违了女儿的心意,因而两头为难。

婚事眼看要搁浅,这时候,一位关键人物及时现身,事情有了绝对性逆转。

这个人就是魏文亮!

魏文亮特别敬重和喜欢文亨这位德才出众的大哥哥,更疼爱相依为命的姐姐。他虽然年轻,却久闯江湖,比同龄人成熟而睿智,他懂得对于婚姻来说,相同的追求、志趣和思维方式远比固定工资重要得多,文亮要成全姐姐文华的幸福。

文亮先是搬来师父武魁海,武先生首先表示同意文华跟文亨的婚事,随后又把文亨的艺术才华、发展前途以及为人处世等方面详细地跟魏雅山夫妇介绍了一番;接着,文亮明确表态,同意姐姐嫁给文亨师哥。

由此,这一桩天造地设的美满姻缘大功告成。

关系确定,不用再秘密进行了,文亨就常去剧场接文华。这一天两人从六和市场出来,文亨突然提出希望结婚。

那时候他们还都差一点才满二十岁,尽管在那个时代不算太早,但是文亨如此急切,文华还是觉得有些不解。文亨只好实话实说,因为同龄的相声演员尹笑声参军了,他便动了心思,也想去部队,并且已经在武装部报了名。

听了这个理由,文华心里有点儿不高兴。且不说新婚宴尔就要分别，单说家里年迈的爷爷奶奶，就让她感到一种压力。自己愿意伺候老人、不怕吃苦受累，但是二老这么大年纪，亲孙子不在身边，万一有点儿什么事，让自己这个刚进门的新媳妇如何应付呢？

心里这么想，文华的嘴上却不便说什么。文亨呢，见文华没有激烈反对，就满怀憧憬地等待结婚和参军两件好事同时降临。

不几日，消息传来，武装部的同志经过调查，得知刘文亨家有需要赡养的年迈祖父母，属于有实际困难，于是就打消了招他入伍的意思，文亨的当兵计划没能实现。

说来也巧，刘文亨一生有过很多次可以穿上军装的机会，都因为各种原因而错过，他的从军梦始终没能实现，当然这是后话。

与此同时，因为刘文亨要去参军而提上日程的结婚事宜不仅没有停止，反而更加紧锣密鼓地进行。说到筹备婚事，两个同样穷的家庭对孩子有着同样的愧疚，真是贫困之家百事哀。

文亨的老祖母做了两床新婚被子，魏墨香也为女儿做了四床婚被。看到文亨没有新衣服，丈母娘费尽心思为女婿做了一件带毛绒领子的大衣。

成家就得有家具，这可难坏了小夫妻。还是师叔辈的老演员王家琪帮忙，找到在委托商店工作的朋友，买了一张旧床、一个二手衣柜和两把椅子，虽然简陋，总算有了家的模样。

打点陪嫁，是新娘家里的重头戏。爸爸妈妈和弟弟文亮觉得简素的嫁妆已经很委屈文华了，主张做两件好衣裳，文华深深体会父母弟弟的心情，更知道家里已经倾其所有了，于是只打算做一件新衣。

当年"秦皇岛九姐妹"中的三姐特意从唐山赶来，与文华的两个妹妹一起料理新娘子的穿衣打扮。当时正是年初，天气尚寒，姐妹们主张一定要有一件红夹袄，可是文华一来不喜过分艳丽的装扮，二来也觉得红夹袄只适合新婚那几天穿，过后穿不上了有些浪费，最后决定做一件青色丝绒袄。三姐和妹妹们连哄劝带呵斥，说新娘子哪有不穿点儿红的，于是买了一双红皮鞋。

1957 年 2 月 17 日，天津这座北方城市还滞留在冬天的寒意里，位于南市的大娱乐剧场却被喜气烘焙得暖意融融。桌上虽然只简单地摆着清茶、糖果、瓜子、香烟，座上来宾却是个个大名鼎鼎，相声界的长辈、同辈悉数到场，祝贺刘文亨、魏文华喜结连理。

文亮已经忙里忙外张罗了大半天，杨少奎、武魁海二位师父也早早地前来坐镇，来宾们喜笑颜开，担任司仪的冯宝华更是神采奕奕。主桌上，张寿臣先生手扶拐杖正襟危坐，神情庄重，他老人家要为文亨、文华做主婚人。

魏文华与刘文亨

魏文华由三姐和两个妹妹陪着,从人民剧场附近裕德里的家中,步行到了南市大娱乐剧场。她穿着青丝绒中式短袄点缀着粒粒光片,端庄中显露着俏丽,新娘的娇羞使她的脸庞更加红润秀美;文亨身着中山装,体态修长,神情文雅,显得挺拔潇洒,正如媒人刘老姑所说,真是天生的一对儿!长辈们都露出欣喜的笑容。

这个婚礼显得隆重有余而热闹不足。文亨、文华都是性格内向的人,文华安静腼腆,文亨少年老成,很少跟伙伴们嬉笑打闹,可这个毕竟是大喜日子,说说笑笑还是应该的。不够热闹主要是因为到场的长辈太多,拘束了年轻人,不敢过于玩笑,有几个调皮的师弟刚要逗逗新人,张寿臣师爷一眼扫过去,小哥儿几个立即将随意的调笑变成恭敬的微笑,一吐舌头一缩脖儿,悄悄退至人后。

任凭担任司仪的冯宝华怎样调动情绪，气氛依然不够活跃，魏文亮心里有点着急，这剧场里哪像坐了一百多位相声演员呢，科学院开会也没这么严肃的。还是文亮最疼姐姐，他怕文华心里不高兴。

于是决定带个头："哎，小花子！"他喊了一声，平日他可是绝对不会这么称呼文亨师哥的，"你跟我姐姐挨近点儿，对，搂着点儿我姐姐。"

话刚出口，就听旁边"砰砰"声响，张寿爷以杖点地，声音威严："哼，今天你什么身份？哪能由你说这种话？出去！"

文亮也跟那几个小伙子一样，一吐舌头一缩脖儿，赶紧退到众人身后。

多年以后，魏文华回忆起自己的婚礼，依然感慨万端，她说："我结婚那时候可不像现在女孩子们出嫁那么排场，别说坐高级汽车，连三轮都没有，我是由三姐和两个妹妹陪着，由人民剧场旁边的裕德里我家走到南市大娱乐的。尽管没有花轿没有汽车，可是我走着特别高兴。我看着自己的青绒夹袄红皮鞋，觉得真漂亮，这是我长这么大穿过的最好的衣服。到了大娱乐，一推门正看见张师爷在那儿坐着，再一看叔叔大爷老师们和平辈的师兄弟们都来了，我激动的心情真是没法形容。那时候大家都不富裕，可是还是送给我们很多礼物，印象最深的是穆祥林、耿雅林夫妇送的一对漂亮的小瓷瓶，里边盛的是老年间梳头用的刨花儿。最多的是镜子,都够开半个镜子铺了。礼物不贵重,大家的心意太珍贵了,我们俩的好人缘让我们自己都挺骄傲的。虽然没有现如今这么盛大的婚礼,可是我一点儿都不遗憾!"

裕德里到大娱乐剧场,文华一步一步走向全新的生活,等待着她的有幸福欢乐,也有艰辛困苦。但是她知道自己正走向文亨身边,并且要跟在他的身边,继续走下去,因此她心中充满了自信和勇气。

一场隆重简朴的婚礼,将两颗年轻的、彼此爱慕的心紧紧连在一起,也将两个年轻人的命运紧紧连在一起。此后,几十年的岁月沧桑,春温夏炽、秋肃冬寒,他们始终相携相伴,从来也不曾分开。

第三章 艺坛伉俪

一、幸福的新婚时光

魏文华说,刚结婚的那段日子,是自己最幸福的时光。

爷爷奶奶疼爱孙子,更加倍疼爱孙媳妇。知道文亨、文华大部分时间都在钻研业务,老两口包揽了全部家务活。中午吃完饭,文华刚要刷碗,奶奶赶紧抢过来:"别管别管,去睡一会儿吧,醒了好上园子。"

文亨十分孝顺,别看他在台上是个大演员,在爷爷奶奶跟前还像个孩子一样,有时还会撒撒娇;文华也丝毫没有疏离感,跟二老特别亲热。

新婚的小夫妻更是恩爱亲密。文亨坚持让文华把工资全部交给娘家,他说岳父母年老不能演出,两个妹妹还小,完全依靠不到二十岁的文亮养活一家人实在难为这个兄弟,况且将来他也要结婚成家,不能不做打算,文华虽然出嫁了,父母和弟弟妹妹不能不管。

那个时候谁家生活也不富裕,文亨的这一举动,让魏家全家都很感动。魏雅山、魏墨香每逢做点儿好吃的,都让文华带给爷爷奶奶,亲家之间不分彼此,像一家人一般

93

亲热。

爷爷奶奶加上他们夫妻，还要抚养刘文亨同父异母的小弟弟。全家的生活全靠文亨一人的工资维持，自然要精打细算，文亨烟酒不沾，从不乱花一分钱。

可偏偏就是在花钱上，小两口有点儿不痛快，原因竟然是文华嫌文亨花钱浪费。

对媳妇一贯好脾气的文亨也不高兴了："浪费？你说，吃喝穿戴，我哪点儿浪费了？"问得理直气壮。

文华也觉得自己占理："为吃喝穿戴花钱，那都不叫浪费。你买那么多唱片，花钱太多了。"

听了妻子的话，文亨有些纳闷，他们的生活虽然清贫，但是夫妻俩情投意合，特别是同为相声演员，在事业上有共同的追求。文亨、文华都喜欢学唱，也都有很多学唱的节目。为了更好地学习，他们省吃俭用，还找朋友借了一些钱，买了一台唱机，这是这个新婚家庭最值钱的家当。

买唱机是为了听唱片，在当时这确实属于高消费，特别是文亨坚持自己对学唱的理念，学就要学得好、学得像。唱片要买名家的，比如老生，要买马连良、谭富英、麒麟童，青衣要买梅兰芳、张君秋、赵燕侠，至于评戏、越剧、河北梆子、豫剧、沪剧、汉剧、黄梅戏……都是买造诣最高的艺术大师的唱段，名家的唱片当然就要贵一些。

文华对于文亨买唱片一直很支持，这是正事，况且她自己也跟着唱片学唱，怎么今天却怪花钱多了呢？

可是文亨疑惑的眼神让文华哭笑不得，只得直说了："你买各种戏的唱片我都不反对，可是你还买了那么多歌，尤其是那些外国歌曲，咱又学不会，学会了台上也不见得使得了，那不是费钱吗？"

"哦，这么回事啊！"文亨乐了，"学得会、使得了，你就等着瞧好儿吧！"

这下轮到文华纳闷了，瞧什么"好儿"？不过她向来相信文亨，他说让等着瞧好儿，她愿意等着。

没过多久，这个"好儿"果然等来了。

那天晚上文华没有演出，就去看文亨所在的和平区曲艺团的演出。对于文华来说，坐在台下看文亨的相声，这样的机会并不是很多。

正活使完，在观众的热烈掌声中，刘文亨和师弟刘文贞又返场说了两个小段儿，通常情况下，这一对儿演员就应该结束表演，换下一场了。文华没想到，观众掌声更加热烈，并且夹杂着"宝贝！宝贝！"的呼喊声，文华有点儿懵了。

魏文华与刘文亨在自家小院

95

刘文亨、刘文贞再次上场，未张口说话，弟兄二人先冲着观众会心地笑了。接着，又说了一个小段儿《宝贝》。

《宝贝》是一个只有几分钟的小段儿，节目的主要内容就是学唱当时风靡全国的印度尼西亚歌曲《宝贝》，刘文亨先用原文演唱，然后介绍中文的歌词大意：宝贝，你爸爸就要回来啊我的宝贝，他参加游击队打击敌人啊我的宝贝。睡吧我的好宝贝，我的宝贝，我的宝贝。宝贝！

这是一支摇篮曲，歌词简朴纯净，生动地展现了一位年轻女性对胜利满怀信心的乐观坚强，她作为妻子对丈夫的无限思念、作为母亲对孩子的深切爱意，全部倾诉在深情的歌唱中。充满浓郁印尼风情的曲调，舒展悠远，韵味绵长，优美动听，特别是结束时那缓缓吟唱的"宝贝"二字，深沉空灵，动人心魄，勾勒出一幅安详温馨的画面，使人仿佛看到融融夜色、皎皎月光，在母亲情意绵绵的歌声中，小婴儿沉沉睡去时露出的那一丝甜蜜微笑。

刘文亨用印尼原文演唱时，发音准确，感情充沛，声情并茂，优美至极，接着说道，如果把天津卫老太太对小孩子的爱称用到这首外国歌曲当中就不太合适了，捧哏的紧跟了一句："那不见得！"

刘文亨说："不见得？那不好听啊。咱们天津老太太管宝贝不叫宝贝，叫宝贝儿。"于是又唱了一句："睡吧我的好宝贝儿，我的宝贝儿，我的宝贝儿！"

他特意加重儿化音，这时候已经有观众发出了笑声，但是赶紧又自觉压抑住,就等刘文亨唱最后一句。

刘文亨酝酿好充足的感情,情意绵绵地唱出"宝贝儿……"就在一唱三叹、余音未绝之际,哪知猝不及防地跟了一句:"眼珠儿唉!"

"眼珠儿",这里的"珠儿"刘文亨按照天津方言,念成了"租儿",它跟"心肝儿""肉儿"等形容词一样,都是天津卫奶奶姥姥对孩子的爱称,以示珍贵至极。

刘文亨这句"眼珠儿唉!"尾音未落,全场掌声、欢呼声和畅快淋漓的笑声骤然而起,经久不息,刘文亨不停地鞠躬,观众这才尽兴,放他们下台。

魏文华被观众的行为惊着了。复杂的情绪充满了她的心,她用手拍了拍胸口,无声地跟自己说了一句话:"这钱,没白花!"

没等散场,文华就兴冲冲地回了家,先跟爷爷奶奶说了剧场的情形,然后回到自己屋里。等文亨演出结束回到家,刚一开门,文华就喊了一声:"哟,宝贝回来了!"

面对妻子的打趣,文亨哑然失笑:"好么,有我这模样的宝贝吗?!"

文华的脸笑成一朵花:"怎么没有?你就是个宝贝,观众喊的。文亨,对不起,嫌你买唱片费钱,是我错了。这钱,花得值!"

面对纯真可爱的妻子,文亨也笑了。其实这样的情形已经有一段时间了,那时候刘文亨的《宝贝》、高英培的《钓鱼》红极一时,往往是不演这一段,观众就不放他们下台。

但是刘文亨并没有被热烈的场面冲昏头脑,反而愈加勤奋刻苦,新作品段段精彩,不到三十岁,已经享誉京津,成为同龄人中的佼佼者。

二、相声奇才刘文亨

在天津,没有人不知道相声,因此也就没有人不知道刘文亨,尽管他已经去世十多年了,可是喜爱相声的人们还总是不由自主地说起他以及他的那些作品。由于爱听会听,天津人欣赏相声时自然也就更加挑剔,每每听到一些低质量、低品位的节目,总会在哀其不幸、怒其不争一番之后,叹一口气:"唉,要是刘文亨还活着……"

在天津人心目中,刘文亨就是规矩、正宗的好相声之范本。

青年时期的刘文亨

魏文华对当年刘文亨所在的和平区曲艺团相声队的上海之行,至今记忆犹新。

和平区相声队赴上海、杭州演出,刘文亨带去的一个主要节目,是他自己独有的《学越剧》。按理说,演员应该扬长避短、避生就熟,上海、杭州本是越剧的发源地,拥有当时最有名的越剧演员和最多最懂行的越剧观众,作为北方人,到那里去学唱越剧,万一出现纰漏,岂不贻笑大方?而刘文亨偏偏要到越剧的发源地去演《学越剧》,为什么?这还用问,艺高人胆大呗!

《学越剧》以论述越剧不同流派的艺术特色为主线,学唱了袁(雪芬)调、徐(玉兰)调、范(瑞娟)调、傅(全香)调、戚(雅仙)调各个流派的代表唱段,刘文亨的学唱精准传神,包袱儿设计巧妙合理。上海文艺界几乎是倾巢而出观看演出,其中不乏名家大师,他们看了刘文亨的表演开怀大笑,当刘文亨学唱弹词名角徐丽仙的《杜十娘》时,坐在台下的徐丽仙禁不住频频点头,《学越剧》在上海取得巨大成功。

上海文化局为欢迎天津的演员,特意召开了座谈会。文化局领导对天津演员表示欢迎和慰问之后,就请两地演员谈谈表演和观摩的体会。

在几位上海文艺界人士发言以后,一位中年人说话了。这位先生文雅沉静、风度翩翩,他一开口,众人即刻安静下来,这位就是深受同行敬重的苏州弹词大家杨振雄先生。

杨先生说:"昨天看了天津演员的相声,我非常喜欢,非常好。我尤其要提到刘文亨先生,他表演的相声《学越剧》太好了!我刚知道他是土生土长的天津人,一个北方人,却把我们的越剧学得这么地道,我太佩服了。他是怎么做到的?只有下功夫,人家吃了苦了呀!咱们的青年演员应该好好想一想了,跟人家学什么? 我看就先学这个吃苦精神吧!"

杨先生话音未落,局长就接着说:"我跟杨老师有同感,咱们上海的演员,特别是青年演员,应该向天津的小刘老师学习。"

杨振雄先生是真正把评弹提高到表演艺术高度的名家,在上海艺术界德高望重,他这一番话,使与会的上海同行对刘文亨肃然起敬。

刘文亨深受感动,不仅是因为杨先生充分肯定了他的表演,更是因为杨先生关于"吃苦"的说法。他确实是下了苦功夫,相声演员大都学唱京剧、评剧、河北梆子,刘文亨却另辟蹊径学唱越剧,由于南北方语言的差异,难度是可以想象的。为了编排这段《学越剧》,他竟然看了七十多遍电影《梁山伯与祝英台》。

会后是欢迎宴会,南北方演员们欢聚一堂,谈笑甚欢。一位美丽文雅的中年女士走到刘文亨身边,带笑说道:"刘先生您好!"

刘文亨赶忙站起来:"您好,您好!"

"我叫袁雪芬!"江南女子特有的温婉柔和的声音非常亲切。

"啊!"刘文亨又惊又喜,这就是大名鼎鼎的袁雪芬啊!

自己就是听着人家的电影学会的"梁山伯与祝英台"，现在本主儿就在眼前，充满自信的刘文亨也有几分紧张："袁老师，我是看您的电影学会的唱段，学得不好，请您原谅！"

袁雪芬握住他的手，好像多年老友一般，特别亲热："学得好，唱得好，您用相声的形式把我们越剧介绍给北方观众，谢谢您。"

越剧名旦袁雪芬，是越剧电影《梁山伯与祝英台》中祝英台的扮演者，当时是名满全国的大明星，也是刘文亨的偶像。刘文亨见到偶像也很激动，但是他不像当今的追星族一样，忙着签名拍照，而是真诚而恭敬地请教："袁老师，您看我学您的那段'小别重逢梁山伯'，那是这段相声的'底'，这个环节我是这样设计的：学唱呢必须规范准确，因为只有这段唱学得像学得好，再配上夸张的、像太极拳一样的动作，形成反差，这样才可乐，所以这段唱很重要，我还有哪些不足之处，您给我指点指点吧。另外我还有个不情之请，您能不能现在就给我唱一遍，我要当面跟您学学。"

袁雪芬更紧地握住文亨的手，像拉着自己的弟弟一样亲近。她把文亨领到一个略微安静的桌前坐下，恳切地指出一两处瑕疵，帮助文亨一一纠正，最后她亲切地说："文亨，你坐好，我要唱了。"

接着，袁雪芬轻启朱唇，微扬纤手，"小别重逢梁山伯，倒叫我三分欢喜七分悲"。悠扬婉转、欣喜中饱含哀怨的吟唱轻轻响起,文亨恭敬地坐在对面,听得如醉如痴,渐渐的眼睛有些湿润。

这是艺术家之间最真切的理解、尊重和共鸣。

江南演出的盛况,刘文亨并没有过多地讲给妻子听。他一生谦逊自律,从无半点骄矜,跟自己的家人也是一样。这些火爆情形,文华多半是听同行们说的。既然是描述,就免不了添油加醋:"文华你知道吗?咱们文亨在上海可是露脸了,台上别提多火了,上海的前辈们跟他说话一口一个小刘先生,没有一个不夸他的。那些小姑娘啊,围着他有说有笑,文亨光女孩子的相片就收了一摞。你还不信?不信回家看看去吧!"

明知道这是善意的玩笑,文华还是有点儿小动心,回到家就让文亨把照片拿出来看看。

文亨不肯:"哪有相片?这都是谁跟你说的?没有!"

谁知这一抵赖,文华倒有些当真,还沉下脸嘟起嘴要开了小性子。刘文亨只好拿出两张照片,都是年轻秀气的南方姑娘。

刘文亨郑重声明:"就这两张啊,绝对没有一摞。我可是百分之百信任你,难道你对我还不相信吗?"

看了照片,文华倒消了气,嘴上却不服输:"你明知道我百分之二百信任你,为嘛瞒着我?"

"为嘛?你说为嘛!您刚才正颜厉色、气势汹汹,跟审我一样，我敢拿出来吗？其实这是艺术界朋友的交流，人家喜欢我的相声，夸我唱得好，还说要跟我学北方话，学咱们的天津时调。"说着一指那台唱机，"这全是它的功劳。"

文华看看文亨，又看看唱机，眼圈儿一下子红了。她知道，这些成绩哪里是一台唱机的功劳啊，这是刘文亨用汗水换来的。为了听唱片，他早起晚睡不午休，怕影响邻居和爷爷奶奶休息，他曾经在夏天的中午把自己和唱机一块儿蒙在被子里憋得满头大汗，也曾经在天黑以后坐在胡同里听到后半夜，有的唱片反复使用都听坏了，只好再买一张。

做一个成功的艺术家，从来都是天赋、勤奋缺一不可，为了把最好的相声呈现在舞台上，文亨吃了太多的苦。

那一天临近中午了，爷爷奶奶做好了饭，文华进屋招呼文亨吃饭。他从早晨起来就听马连良《四进士》里那段"三杯酒下咽喉把大事误了"，反复听了无数遍，文华想让他趁吃饭的功夫歇一歇。

"不吃！不吃！"刘文亨本来就爱出汗，这有一句唱腔的小拐弯，跟唱盘对比，总感觉自己唱得不对，更是急得通身是汗，"你跟爷爷奶奶先吃。"

说着，穿上外衣转身就往外走，爷爷看见了，赶紧问他不吃饭干嘛去，文亨一边走一边冲爷爷大声说："爷爷您别管，你们先吃，我有事！"说着大步走出院子。

文华赶紧安慰爷爷："爷爷，他可不是跟您发脾气，他唱了一上午那两句,自己总觉得哪不对劲儿,这是跟自己着急呢。您可别怪他!"

爷爷乐了:"嘿,我养大的孙子我能不知道吗?我怪他干嘛!可是,这孩子上哪儿去了?"

"可说呢,他上哪去了呢?"

"啊?你问我啊!"爷爷乐了。

刘文亨上哪儿去了?原来去找自己最好的朋友、受过马连良大师亲传的著名马派老生马长礼去了。

马长礼见到刘文亨有些奇怪:"文亨,你怎么有工夫来啊?"

"哥哥,我跟您请教来了。《四进士》有一句我总唱不好,必须得请教您这正宗马派。"刘文亨和马长礼是口盟把兄弟。

弟兄之间无须客气,马长礼爽快地说:"哪句?你唱给我听听。"

刘文亨虚心请教,马长礼毫无保留,兄弟二人切磋研究直到夜色降临,至于中午饭谁请的谁就不得而知了,反正人家哥儿俩有交情,谁请谁都一样。

刘文亨在五十三岁时患病离开舞台,过早地结束了原本可以更加辉煌的艺术生涯。即便如此,他四十年的从艺历程中所取得的成就,依然无可超越;在他去世多年以后的今天，他仍然是公认的"文字辈"演员中技艺最全面、成就最突出的一位；他是继侯宝林大师之后，学唱技艺最为高超的相声演员，是"津味相声"最著名的代表人物之一。

刘文亨的学唱节目，无论是纯欣赏类的如《杂学唱》《学京剧》《学越剧》《杂谈地方戏》，还是有情节人物类的《追韩信》《王金龙与祝英台》《王宝钏》《打金枝》，所有节目中的唱，都是那段相声的需要，都是节目的有机组成部分，而不是单纯卖弄自己的好嗓子。他的学唱永远与说和逗紧密结合、融为一体，或说逗为学唱铺垫，或学唱为说逗点睛，交相映衬、熠熠生辉。

还有人说刘文亨在弘扬相声艺术的同时，为普及戏曲艺术做出了贡献，以京剧《十老安刘》为例。很多人并没看过这出戏，却能哼唱那段脍炙人口的"此时节不可闹笑话"，皆是多次听过刘文亨相声的结果，并且，因为刘文亨在节目中为达到"恰到好处"的艺术效果，在"三人同往鬼门关上爬"这个跌宕起伏的拖腔之后，有意识地放弃了最后一句"生死二字且由他"，而很多人竟然也不唱这一句，所以人们开玩笑地说，凡是唱这段《十老安刘》而丢了"生死二字且由他"这最后一句的，都是"刘派老生传人"，由此可见刘文亨的相声在天津观众中的影响之深、之广、之长久。

刘文亨是中国相声史上值得大书一笔的艺术大家！

三、两袋白面换来的"见皇姑"

无论是作为同行还是作为妻子,魏文华对刘文亨都是充满崇拜,她敬佩他的艺术和人品,并终身引以为荣。

每当说到刘文亨,魏文华都要谈到他的艺术,她总说:"人们说起文亨,总是说他唱得好,但是有人说刘文亨光会唱,这可是大错特错了,他唱得是好,可是他绝对不是光会唱。文亨的每一次学唱都是节目内容的需要,绝对不会没铺没垫、直眉瞪眼地瞎唱。他的代表作中,说、逗为主的占了很大部分,比如《新风尚》《请剧团》《劝架》《学评书》以及20世纪80年代的《啼笑因缘》《一家人》《老大难》等等,不仅以说、逗为主,而且生动、准确地反映现实生活,表达了当时人们的思想状况,虽然有时代烙印,可那些印记都是积极的,丝毫不影响作品的艺术性和欣赏性。"

由于魏文华本人的相声表演以学唱见长,因而便难免被拿来与刘文亨作比较,魏文华自己则说:"我的艺术成就无法跟文亨相比,单就学唱来说我也不如他,京剧、河北梆子、越剧、黄梅戏以至鼓曲、歌曲我都不如他唱得好,只有评剧,我跟他还能有一比,并且我自觉着不输于他。"

每当说到这里,老太太总会情不自禁讲起两件事。

一件事是在她十几岁的时候,天津市火花评剧团招生,文华就在演出的间隙跑去考试,唱的就是自己说相声时经常学唱的几句,结果一开口刚唱了两句,就被主考老师叫停。文华以为自己唱得不好,谁知却得到老师们一致称赞,说她唱得有味儿,老师们尤其欣赏她宽亮、高低俱佳的一条好嗓子,说:"这孩子唱大口落子准成。"一位负责人就跟文华说,请她回家跟父母商量,转天到团里报到,作为学员,每月有六块钱补贴。

回家的路上文华心情复杂。她特别喜欢评剧,那优美的唱腔,那充满人情味的剧情,那美丽俊俏的装扮,让这个十几岁的少女无限向往;可是没有工资,只有每月六块钱的津贴,这就意味着家里失去了一份收入。当时文华和弟弟文亮在各个剧场说相声,赶上周六、周日和各大节日,每人每天能有十几块钱的收入,在平日每人每天也能挣几块钱,他们姐弟俩是整个家庭的经济支柱。

想到如果自己去了评剧团,弟弟文亮将要独自撑起一家人的生活, 又想到逐渐年老的父母和两个年幼的妹妹,文华心里特别难过,她放弃了成为评剧演员的机会。

第二件事发生在文华与文亨结婚之后。

那一年中国评剧院来天津演出《秦香莲》,领衔主演就是赫赫有名的小白玉霜,听到这个消息,文华的心里就放不下了。一是她特别喜欢评剧,尤其深爱小白玉霜的艺术;还有就是她经常在节目中学唱小白玉霜在《秦香莲》中"见皇姑"那段唱,现在有这么好的现场观摩学习的机会,她岂能不动心? 可是票价很贵,一块钱一张票,在当时,两块钱

魏文华与刘文亨

能买一袋白面,她实在舍不得。

正当文华心里七上八下的时候,文亨笑呵呵地进了屋:"文华,赶快吃饭换衣服,咱们晚上看戏去。"

"啊?"文华立即想到了小白玉霜,却又不敢相信,忐忑不安地问:"看什么戏?"

"《秦香莲》啊,小白玉霜啊,"文亨很兴奋,"这机会太难得了,咱们好好听听,特别是那段'见皇姑'。"

"可是,一块钱一张票啊!"

"啊,对,我已经买好了两张了。"文亨说着掏出两张戏票。

"这可是一袋白面啊!"拿着戏票,文华又高兴又心疼。

　　"我也知道这是一袋面钱。可是现场学习的机会实在难得，这钱应该花。"刘文亨爽快地说。

　　当天晚上，小两口"扛着一袋面"进了中国大戏院。

　　　　她好比一轮明月圆又亮，

　　　　我好比乌云遮月缺半边。

　　　　她好比三春牡丹鲜又艳，

　　　　我好比雪里的梅花耐霜寒。

　　　　论国法我应该与你下跪，

　　　　论家法你还应该把我参。

　　　　你应该下了你的金车辇，

　　　　与我把礼见，论理论法理所当然！

　　小白玉霜流畅俏丽、柔中带刚的演唱，深深吸引了文亨、文华。他们屏住呼吸、全神贯注，别人是欣赏艺术，他俩更多的是要记住演唱时的神韵和技巧。一场戏下来，两人在回家的路上就研究开了，虽说现场观摩比听唱片更为生动，但是却不能像唱片一样反复听，这可真是不能两全了。

　　正当文华使劲回忆刚才听到的每一句唱腔的时候，身边的文亨忽然停住脚步，吓了文华一跳："怎么啦？"

　　"没全听明白，不行，明天还得听。我再去买两张票！"

　　又一袋白面！文华一咬牙一狠心："行，再买两张票！"

《秦香莲》在天津演了两场,他们夫妻听了两场,回家来反复琢磨、研究,整整一星期,都是这几番"见皇姑"。文华开玩笑说,必须得学好唱好,不然两袋白面没了。

这段"见皇姑"和相声《学评戏》一起,成为魏文华的保留节目。

魏文华老太太多次向徒弟、学生和晚辈们提起这个故事,尤其辅导起"见皇姑"这个唱段来,那是加倍认真,还总要笑着加上一句:"要录音赶紧拿手机录啊,你们现在条件多好哇,随时能录音。录下来回去多听、多唱,这可是你们刘老师陪着我,用两袋白面换来的啊!"言语之中有对晚辈的教诲希望,也有对心爱的丈夫的无限感念。

四、艰难岁月的相濡以沫

20 世纪 60 年代,刘文亨、魏文华和全体中国人一起,度过了一段艰难岁月。

运动一来便猝不及防,首先是勒令各家各户把"凡与封建迷信帝王将相有关的一切东西"主动上交,刘文亨收藏的唱片便在其中。那是多年节衣缩食、耗费心血积攒的艺术财富,刘文亨视如珍宝,但是当时违抗此类命令无疑是冒天下之大不韪,不仅伤害自身,还要殃及家人。刘文亨上有老下有小,他不敢这么做,只好把唱片全部上缴,三张五张一摞,七张八张一摞,竟然摆满了一张乒乓球案。回到

110

家，从不轻易掉眼泪的刘文亨哭出了声，"男儿有泪不轻弹，只因未到伤心处"，他是太心疼了。

运动伊始，刘文亨作为知名演员首先受到冲击，接着又被定为"反革命小集团"成员揪了出来。说到"反革命小集团"，其实就是李鸣岐、高英培、刘文亨等几个人议论时事口无遮拦，又加上相声演员说话习惯"砸挂"，难免不慎，总之是说话惹了祸。几个人被关押起来，好几天不让回家。

魏文华惦念文亨，提心吊胆，又不敢跟年过八旬的爷爷奶奶讲，奶奶在病中想念孙子，已经有些神经失常，睁着两眼，不停呼喊文亨的乳名。

文华又急又怕，她决定去找文亨，让他回来看看奶奶。天已经很晚了，她不敢一个人出门，于是走到院子里，呼唤邻居刘婶。

刘婶是典型的天津市井妇女，热心、善良、耿直，又有些沉不住气的急脾气，一听文亨几天没回家，当时就急了："这帮挨刀的，把我们孩子弄哪儿去了？不行，我得找文亨去。"天津卫的大娘大婶，都把各家老街坊的孩子都当成自己的儿女的。

"婶儿，婶儿，您先别急。"文华赶紧安抚刘婶，"您陪着我去找找文亨，让他回来看看我奶奶。您可记住了，到那咱好好跟他们说，千万别骂街，您要是一骂他们，文亨就更回不来了。"

"哦哦，宝贝儿你放心，我记住了。只要文亨能回来，咱们求他们，跟他们说好话，怎么着都行。"

娘儿俩说着走出院子。文华知道那地方，全体"文艺黑线人物"都在那关着呢。

一敲门，开门的也是熟人，王富贵，单弦大家石慧儒的老弦师，一代名弦儿。

"哟，文华啊，这么晚了……"

"王大爷，"文华说话带着哭音儿，"我来找文亨，我奶奶快不行了，文亨得回去看看。"

"文华，"王先生摇摇头，"他们，"说着往门里一指，"他们怕不会答应啊。"

"可是奶奶睁着两只大眼，一声声喊他……"

正说着，革命小将走出来，是团里的青年演员，尊刘文亨为师，平日见到魏文华叫师娘的，此刻，却板着一张稚气的脸，严厉地看着文华。

王富贵先生要替文华说说情况，小将一瞪眼："你别说话！"

"我们的奶奶病得厉害，看样子快不行了，你叫你刘老师，哦，不，你叫刘文亨回去看看吧。"文华怯生生地请求。

"不行！"小将斩钉截铁，一副油盐不浸的样子。

一旁的刘婶，早忘了在家里的承诺，突然高声喊道："为嘛不行？为嘛不让文亨回家？他奶奶病得厉害，孙子怎么就不能回家看看？你们都是石头缝儿里蹦出来的？家里

112

没老的？"

刘婶这一喊，可把文华吓坏了，她急忙拉住刘婶儿，依然低声下气地请求："你通融通融，就让他回去看一眼，马上就回来。你看，咱们，咱们一向关系都挺好的……"

"瞎说！"小将一声断喝，"咱们什么关系？谁跟你们有关系？我还告诉你，注意你自己的立场！"

"立场！我什么立场？"对方如此张狂蛮横，一向脾气温和的文华忽然怒上心来，大声说道："我还告诉你，我就跟刘文亨一个立场啦！"

说着拉住刘婶转身就走。

娘儿俩含着眼泪回到家，刚安慰了奶奶几句，忽然门一开，刘文亨走了进来，顾不得跟妻子说话，他快步走到奶奶床前："奶奶，我回来了。您怎么啦？"

奶奶拉住孙子的手："我想你！"

"奶奶，我在团里写段子呢，马上还得回去，您想吃什么，等我回家来时给您买。"

安慰了奶奶，文亨都没顾得跟文华说几句话，就又匆匆走了。

虽然往事不堪回首，但是偶尔提及，老太太的感慨、感叹中，总能透出几许欣慰。在那个畸形的时期，多少美满家庭分崩离析，而他们虽然饱经艰难，却始终相濡以沫，携手同行。在魏文华老人看来，这是一份天赐的幸运，其实这又何尝不是他们坚贞忠诚的美好结果呢？！

后来实验曲艺团解散,演员们转业成了工人,刘文亨、魏文华的工资降到五十五块,一度刘文亨因为受冲击只有十二块钱工资,魏家二老早已经不要女儿的钱了,可是仅凭几十块钱,仍是难以为继,一家人的生活几乎陷入绝境。

刘文亨整天闷闷不乐,有一天下午,终于忍不住说话了:"文华,我跟你商量个事吧?"

"什么事?"

"咱们,把它卖了吧!"说着话,用手一指桌上的唱机。

"卖……它?"魏文华也用手一指,随即坚决地摇头,"不行,这是咱们省吃俭用买的,你还得用它呢。"

"不卖,咱们晚上吃什么?"刘文亨一句话,魏文华当时无言以对,"文华,唱片都交出去了,这唱机也没什么用了,卖到委托商店吧。"说到最后,声音微微发颤。

文华掉下了眼泪,犹豫了半天,似乎下了决心:"那,卖多少钱呢?"

"就卖八十吧。"文亨说着,就去抱唱机。

"等等,"文华拦住他,"还是我去吧。"她知道文亨心里多么难过,不想让他在外人面前失态。

文华叫来自己的小妹妹,姐儿俩抬着唱机送到委托商店,店员认识魏文华,便也知道了这唱机的来路。

"这是刘文亨的唱机?"

"是啊!"

"好好的,卖了它干嘛?"

一路哭着,到委托商店门口才忍住眼泪的文华,赶紧低下头,她已经不能说话了。

直性子的小妹妹竖起眼眉:"卖它干嘛?有钱吃饭谁舍得卖东西?!我姐姐都哭了一道儿了。"

那位店员并不计较小姑娘的抢白,理解地点点头:"那你们打算卖多少钱呢?"

"卖八十吧!"

"文华,"店员把唱机又看了一番,"真抱歉,只能给你六十。"

"六十?那我们不卖了。"小妹妹说着就弯腰去抱唱机,却被姐姐伸手拦住,文华心里明白,他们家需要这六十块钱。

拿着六十块钱,文华又是一路哭着回了家。

几乎在同一时刻,还有两个人走进了这个家门,刘文亨的两个异母弟弟。

刘文亨幼年生母去世,后来父亲刘广文又娶了一位妻子,并生了四个男孩儿。刘广文英年早逝,刘文亨长大后还曾经供养最小的弟弟生活读书,现在来的是他的二弟和三弟。魏文华和小妹几乎与这兄弟俩同时进了院门。

"嫂子,我大哥在家吗?"

"在,有事啊?"

"实在没法过了，粮食、菜、煤球都没有了，找我哥想想办法。"说着进了屋。

文华站在院子里，心里说不出的难过，但凡生活过得去，文亨也舍不得卖掉心爱的唱机，看来，这卖唱机的钱也要保不住了。

"大姐，他们俩就像知道你手里有钱一样，怎么这么寸呢！"妹妹小声嘟囔。

魏文华冲小妹摇摇头，示意她不要再说，她自己则默默地走进屋里。

不一会儿，文亨的两个弟弟拿着三十块钱和两袋子煤球离开了哥嫂的家。

魏文华从小就过苦日子，深知开口求人的难处，有人来告帮，自然会极力相助。但是眼下自己也实在不富裕，如果是旁人来求，三块五块、十块八块也算尽心了，而面对文亨的同胞弟弟，她一定要把手里仅有的六十块钱分赠一半，这样做不仅是表示亲人之间同甘共苦的情义，更是对文亨极大的安慰。

而刘文亨，也确实无愧于妻子对他的这番情义。

他作为祖父母的孙子、妻子的丈夫、一双儿女的父亲，对家庭、对亲人充满深情，干工作或干家务，从不说累也从无抱怨，尤其对待岳父岳母，更是极尽半子之劳。岳母魏墨香晚年身体很差，几次犯病都是文亨送去医院，与文华、文亮和两个妹妹共同照顾老人。尤其使魏文华感动的是，母亲去世，按天津卫老式习俗，儿子要给来吊唁的客人磕头，俗称"孝子头"，而女婿则鞠躬即可。文亨却跟文亮一样，磕了无数个"孝子头"，以表达与岳母之间的深厚感情。

魏雅山在儿女们和女婿的陪伴照顾下，晚年生活很愉快，八十四岁去世，在当时可以算是高寿了。

生活上工作上，挫折困难是常有的，文华也会觉得苦闷、迷茫、委屈甚至愤怒，但是她从来也没感到过无助和绝望，因为每一个难过的时刻，文亨都坚定地站在她的身边，用他强壮的肩膀担当起一切，给她无限的温暖和勇气。

一辈子学艺从艺，少年辛劳、青年奔波、中年艰苦，细细回想，他们似乎没有过富裕安逸的生活，然而魏文华却总是觉得特别满足。文亨对她，没有甜言蜜语，没有海誓山盟，却有从始至终的陪伴呵护；她对于文亨，则是全心全意地信任依靠。因为有了这棵挺拔健硕的橡树，她自觉着不必长成一棵旗鼓相当的木棉，于是让自己甜蜜地活成了树荫下的一株兰草，这才是女人该有的幸福状态。

魏文华跟着刘文亨，清贫了一辈子，也富足了一辈子。

第四章 波澜岁月

一、北京琴书演员

如果从参加南开区相声队正式成为专业演员算起,魏文华的演艺生涯可以分成三部分,早期,也就是少年、青年时代专攻相声;到晚年更是以相声表演艺术家的身份为公众熟知;这中间还有一个相当长的时期,她是一位深受观众欢迎的北京琴书演员。

南开区曲艺团上演综合场,缺少鼓曲演员,领导决定让魏文华在说相声的同时,再上一场鼓曲。魏文华七八岁卖艺时就演唱鸳鸯调、小曲,再大一点儿又演唱过乐亭大鼓、唐山大鼓,并且由于所表演的相声内容的需要,也由于自己喜欢,对天津、北京的鼓曲都认真学习过,她是一位特别服从领导安排的职工,当即满口答应,并且自信地说:"唱大鼓,没问题,我有基础,咱们天津那么多专家老师们,我再好好跟他们学学,保证唱好。您就说让我唱什么曲种吧,梅花、京韵、西河还是时调?"

可是领导一句话,让魏文华愣住了:"文华,咱们来个别开生面,来个天津没有的,你学学北京琴书吧。"

北京琴书曲调优美流畅，唱词通俗易懂，当时北京琴书的泰斗关学曾先生是全国知名的艺术家，北京琴书也深受观众欢迎。

北京与天津地域接壤，曲艺艺术同出一脉，很多曲种比如京韵、梅花、单弦、西河、相声、评书等等，一直以来都是相互交融、相互补充，你中有我、我中有你，各具特色且又共同发展。唯独天津时调和北京琴书，则从来都是只在本土发展，绝不越雷池一步，这种情形一直延续到当今，不知道是否因为都以地名命名的原因。

听说让自己学唱北京琴书，魏文华开始有点儿不知所措，但是领导交给的任务，她一定要不打折扣地认真对待。很快，她想起一个人，立刻便觉得豁然开朗。谁呀？他们团里打扬琴的翟万兴。

这是为什么呢？

因为北京琴书的前身是流行于北京郊区、河北省廊坊一带的五音大鼓，起初多演唱长篇大书，20世纪30年代，北京通县艺人翟青山等在广播电台播唱时，改三弦为扬琴伴奏，故又称为单琴大鼓。后来北京琴书大师关学曾与琴师吴长宝多年合作，借鉴京韵大鼓说唱转换自然的风格与技巧对单琴大鼓进行了改进，加入了多板式的不同节奏的唱调，有疾有缓，其曲目由长书转为短段，多以现实题材为主。新中国成立后，正式命名北京琴书。

北京琴书虽然由关先生开始面貌一新，但是依然延续了单琴大鼓一板三眼的板式和端正大方中不失欢快轻巧的艺术风格，因此，北京琴书跟单琴大鼓有着一脉相承的血缘关系。而翟万兴就是翟青山老先生的儿子，曾经长期担任父亲的扬琴伴奏。

想到翟万兴大哥，魏文华信心大增，跟翟万兴一说要跟他学唱并且请他担任伴奏，翟万兴当然是满口答应。翟万兴给魏文华提供了翟青山老人的唱片，也找了关学曾老师的录音，聆听、对比，并且全力协助她排练。《洗油澡》《五分零十秒》、特别是《杨八姐游春》，关学曾先生端庄宽阔、韵味丰厚的演唱让魏文华着迷，她一下子就爱上了北京琴书，学习、排练的热情空前高涨，几乎每天都在听录音，后来团里专门去委托商店买了一台精致的录音机供她使用。魏文华至今还记得，音质特别好，据说原来的主人是京剧的一代大青衣言慧珠。

刘文亨也大力支持妻子钻研业务，接送孩子、操持家务，为文华解除了后顾之忧。

由于演出缺场，领导只给了魏文华和翟万兴半个月的准备、排练时间，也就是说半个月以后就得上台，幸亏文华有从小学唱小曲的功底，又聪明并且勤奋，进度还是很快的。翟万兴不辞辛苦，全力配合，尤为重要的是不断给文华打气，魏文华回忆起那段日子，总是由衷地感叹："多亏了万兴大哥！"

马上就要正式演出，魏文华决定先上两段节目，一段是表现现代生活的《五分零十秒》，一段是传统曲目《杨八姐游春》，虽然有世家出身的弦师翟万兴帮助排练，但是毕竟是学习关学曾先生的唱法，录音机只能辅助学习，却无法突出精髓所在，这就是学艺必须要经名师指导的根本原因。为了不耽误演出，文华决定硬着头皮上场，用翟万兴的话说："先唱了再说，台上找毛病，下了台咱就改。"

看来只好如此了！

半个月后，魏文华首次以北京琴书演员的身份登台演出。

上台之前，文华心里很乱，不仅因为首唱北京琴书的紧张，还多少有点儿私心杂念。首先是担心观众会不会接受自己的新曲种，其次，首次演唱北京琴书就唱开场，也有点儿不太高兴。其实她从来不计较场口，但是由倒二、攒底的相声演员，改成开场的鼓曲演员，落差有些大，因而情绪有些波动。然而毕竟是有着多年艺术经历的成熟的演员，站在台口，魏文华调整好自己的情绪，稳步上台了。

魏文华一个人手拿铜板鼓楗子上场，观众先就很惊奇，待扬琴四胡响起，魏文华开口演唱《五分零十秒》，观众席里立刻议论纷纷。

"这不是说相声的魏文华吗？"

"对呀，怎么唱开大鼓了？这北京琴书咱在半导体里听过，剧场里听这还是头一回。"

魏文华演唱北京琴书

　　文华不用听,就知道观众在说什么,心里说:观众果然不习惯吧?! 这么一走神儿,险些忘词儿,打扬琴的翟万兴低声提醒:"精神集中! "

　　仗着舞台经验丰富,文华赶紧收拢心神,全神贯注,这一段节目总算圆满演唱下来,在她按下鼓板、低头鞠躬的一刹那,热烈的掌声把她和两位伴奏员都吓了一跳,愣了一下,他们才意识到,成功了!

　　第二天魏文华由开场挪到了第三场,演唱《杨八姐游春》,反响更加热烈,魏文华又陆续排练了《洗油澡》《鞭打芦花》等几段节目,都很受欢迎,慢慢地她说相声越来越少,唱北京琴书越来越多,观众们以极快的速度接受了魏文华的角色转变,甚至于比她自己接受得还快。

的确,她实在太适合唱鼓曲了,一条宽亮兼备的好嗓子,沉稳亲切的舞台形象,台风中既有温和文静的女性之美,又有多年表演相声形成的潇洒质朴的特色,给人耳目一新之感。声腔大师骆玉笙,还曾经建议文华改唱骆派京韵大鼓,可见她的天赋条件多么优越。

于是,天津的曲艺舞台上,就这样诞生了一位出色的北京琴书演员。

有观众传说,魏文华为什么唱得这么好,那是北京关学曾亲自传授的,魏文华是关学曾的徒弟,唱得能不好吗?

文华听到这话,真是啼笑皆非。事实是,她根本就没见过关先生。

多年的从艺经验告诉她,录音机绝对不能代替老师,自己既然学了关学曾老师的唱段,就必须向人家当面请教,既是对老师的尊重,也是为艺术负责。她几次提出要跟两位伴奏员一起去北京拜访关先生,领导也很同意她的想法,可是却终因演出太忙一直没有时间。

北京、天津仅仅相隔二百十四里地,向关先生请教这件事,竟然成了魏文华心中一个期待已久的愿望,她盼着自己这个愿望尽快能够实现。

真是运气好,不久,这个愿望就实现了。

正当魏文华因为没时间去北京学习苦恼的时候,真

123

巧,北京曲艺团来天津演出,关学曾先生作为著名演员,当然不能缺阵。

演出在黄河戏院。太好了!文华总在那里演出,跟戏院上上下下都很熟,当天晚上,文华就直奔黄河戏院后台。

进了后台,一路招呼,既有熟悉的北京同行,又有来看朋友的天津同伴,戏院工作人员也都熟,就有人问:"文华,找谁呀?"

"我来看望关先生,他在哪屋呢?"

"哦,看师父来了,"用手往走廊尽头一指,"就在那屋,去吧,看你师父去吧。"

文华忍住笑,急匆匆往前走,心里说:还师父呢,人家知道我是谁呀?!

走廊最尽头,敲响化妆室的门,里边传来洪亮的声音:"请进!"

对,就是关先生的声音,魏文华这一个多月天天听到,简直太熟了。

推开门进了屋,迎面椅子上坐着的正是关先生,文华刚才进后台的时候多"冲"啊,这时候也有点怯生生:"关老师,您好!"

"哎,你好!"

"我叫魏文华,我是天津的相声演员,我是刘文亨的爱人,魏文亮的姐姐。"文华恭敬地自我介绍。

"哦,刘文亨我知道,魏文亮我也知道,我知道天津有一对姐弟,小时候就说相声,就是你啊。来来来,快进来,坐下。"

文华往前走了几步,依然恭敬地站在先生面前:"我来看您,是想跟您说一件事,您得原谅我冒昧,原谅我失礼,原谅我不知轻重!"

"哎哟我的姑娘,"关先生朗声大笑,"什么事啊这么严重? 先别忙着道歉,说事!"

爽朗的笑声消除了文华的紧张,她把学唱北京琴书的来龙去脉简单明了地说了一遍,关先生饶有兴趣地听完,问了一句:"跟录音学的? 台上唱了吗?"

"嗯!"文华点点头,略显尴尬,"唱了,已经唱了半个多月了。还有,大家都传说我是您徒弟,我也没反驳,我就实受了。但是您这么好的艺术,我不能糟蹋了,我唱不好对不起您,所以我想请您指点指点。"

先生又笑了;"你唱几句我听听!"

"哎,我给您唱几句!"说着稳稳神儿,故意比平日高了半个调门儿。

北宋朝刀兵四起乱纷纷,
全仗着杨家将一秉忠心。
老令公一口大刀安天下,
妻子是无敌女将佘太君。

125

魏文华与北京琴书泰斗关学曾

四句唱罢，文华偷眼去看关先生，不料先生站起了身，激动地伸出手："孩子，你、你唱得好啊！这条好嗓子多难得，味道也学得好，好！"

文华一阵欣喜，赶忙握住先生的手："那，您……"

"宝贝儿，我收你了！"

"您、您收我啦！"文华只觉得激动的泪水模糊了眼睛，带着哭腔说，"我，我给您磕头！"

老师一把扶住文华的肩膀："孩子，不用不用，现在不兴这个，咱爷儿俩也不讲这个。你太可爱了，跟着录音机学得这么好，这得下多少工夫啊！这样啊，我马上接场，你别走，等着我，我下来以后给你说说。"

魏文华站在台侧，认真地观摩台上关先生的一腔一调、一招一式，这是她第一次现场学习。

关学曾先生下了场，文华陪着先生回到化妆室，先生顾不得换服装，就把她叫到身边，文华小声唱，先生一字一句地纠正、指点，师生二人沉浸其中，忘记了时间。

自此，魏文华又有了一位师父。

魏文华回忆起关学曾先生，言语间充满了深厚的感情，她曾经多次去北京向先生求教，每一次老师都悉心指导，从不厌烦，直到她弄懂学会为止。师娘关夫人更是疼爱这个天津徒弟，文华每次去都让她住在家里，一是保证安全，二是给徒弟做点儿好吃的。

最让魏文华感动的是，一次纪念关学曾先生艺术生涯的专场演出。

那时候魏文华已经调到了中国北方曲艺学校，关老的这次纪念活动在北京举办，老先生的徒弟都要登台演出。当时魏文华已经四十多岁了，北京琴书也多年不唱了，但是为了老师的这次活动，她重新喊嗓子、背词、排练，演出那天唱的又是那段老师亲授的《杨八姐游春》，由于时间关系，虽然只唱了头一番，却是神完气足、感情充沛，北京观众看到久违舞台的魏文华唱得如此之好，掌声雷动。

魏文华下场，刚走进侧幕，迎头看见关老站在面前，文华吃了一惊："师父，您怎么站在这儿呀？"

师父手捧着一只茶杯，连声说："孩子，快，喝口水！"

啊！原来师父等着自己饮场呢！

127

魏文华捧住师父的手,激动得热泪盈眶。

站在旁边的河南坠子艺术家马玉萍老师笑着说:"快喝口水吧,老爷子在这等半天啦,这茶杯谁接都不给,非得亲手递给你。我们在一起这么多年,你师父给谁端过水啊?!"

文华接过茶杯,已经哽咽了。

虽然是半路出家,魏文华以她的真诚、刻苦、认真,完美地掌握了北京琴书的演唱。她不仅学习继承了关学曾先生的演唱艺术,而且根据自身的嗓音条件加以改进,增加了高腔、花腔、拖腔,在保留半说半唱特色的同时增强了歌唱性,强调了女声演唱的特色和美感。她没学过乐理知识,也不懂曲谱,却能凭借多年的艺术积累自己设计唱腔,演唱倪钟之、杜放等作者写的新节目时,她常常围着棉被坐在床上小声哼唱琢磨到深夜,她是至今为止天津专业演员中唯一的北京琴书演员。

2010年6月14日,天津中国大戏院上演非物质文化遗产曲艺专场,二十六年没演唱北京琴书、已经年过古稀的魏文华再操鼓板演唱名段《鞭打芦花》,淋漓尽致、神完气足,充分展示了深厚的艺术功力。

二、话剧女主角

在特殊时期,鼓曲、相声、快板、评书在舞台上消失了,但是演员们正值三四十岁最好的年龄,不愿意荒废,

128

南开区曲艺团的曲艺演员们决定排练上演话剧,比较成功的有《槐树庄》和《农奴戟》,魏文华在《槐树庄》里扮演主角郭大娘。

这部剧通过一个小村庄槐树庄的政治风云变幻,体现了中国农村从土地改革到人民公社成立这一历史阶段的几次重大变革,并以郭大娘这样一个女共产党员为中心,多层次地展示了中国农民的不同思想风貌和错综复杂的人际关系。1962 年拍成电影,女主角郭大娘由老一代电影表演艺术家胡鹏扮演,影片非常成功。

相声演员陈永清去北京战友文工团,费尽口舌要来了剧本,又请来自己的好朋友、天津人民艺术剧院的演员张凤忠指导表演,化妆师由石金担任,演员们各自琢磨自己的角色,然后一起合成排练,服装、道具甚至灯光布景都是他们因陋就简自己做的,全凭着年轻人的一股闯劲,竟然搞得有模有样。

分派角色,几经筛选,确定由魏文华、魏文亮姐弟主演,魏文华扮演女一号、党支部书记郭大娘,魏文亮扮演二号人物、复员军人刘根柱,茹少亭、田立禾、冯立铎、陈永清、王桂茹等这些演员都有丰富的表演经验,再有人艺的专业演员指导,排练起来非常顺利。

首站公演选择在塘沽,在那个八个样板戏充斥舞台的特殊时期,人们对于新戏的期待十分迫切,话剧《槐树庄》一下子卖出了十五场的票,还有的是部队或单位包场,演员们信心大增。全团在演出的前一天全体到达塘沽人民剧场，为转天的演出做准备。

转天上午演出之前，魏文亮关心地走到姐姐跟前："姐，喊几声啊！"

演话剧是要靠嗓子的，文华明白弟弟的心意，点了点头，原本想喊"啊——咦——"没想到一张嘴，竟然只字不出，再一喊，还是不出音。

坏了！姐弟俩面面相觑，愣在当场，众人全都大吃一惊，赶紧围拢过来。

"文华，怎么样？这是怎么回事？"魏文华只能摇头摆手，一个字也说不出来。

离演出还有两三个小时，又没有 B 角演员，同伴们急忙找了一辆三轮，拉上文华去了医院。大夫倒很镇定，给文华打了消炎针，当时是红霉素，又给了口服消炎药，并嘱咐："回去让她歇一会儿，多喝点水。"

那天演出是部队包场，等文华坐着三轮车回到剧场，观剧的官兵已经排着整齐的队伍提前在剧场门口等候，大家看见这样的场景，心里更着急了。

进了后台，文华靠在一个安静的角落休息，文亮陪在姐姐身边，不停地安慰她："没事，先歇一会儿，千万别着急。一会儿在台上，大伙都会照顾你。至于阶级敌人下药害你这事儿，演完了咱再说。"这时候他还抖包袱呢！

大家也是一边忙着准备演出，一边不断来问候："文华,觉得怎么样？"

"我,"哟,出声了,"我想喝水！"

哎呀谢天谢地,终于出声了。喝了水,感觉好了很多,试着喊喊嗓子,虽然还是沙哑,可是能听清字眼儿了,全体松了一口气！

铃声一响,大幕拉开,《槐树庄》按时开演。

扮上戏上了台,魏文华仿佛忘了自己的嗓音还没完全恢复,她全身心沉浸在人物的情感之中,情绪饱满,爱恨分明,特别是演到郭大娘见到了毛主席,随着《东方红》乐曲奏响,众声欢呼:"毛主席来啦！"魏文华热泪长流,台下的官兵群情激昂,掌声雷动。

《槐树庄》大获全胜,连演二十多场,魏文华这位女一号获得了观众的高度认可。紧接着,原班人马又排演了《农奴戟》,魏文亮主演男一号,同样获得空前成功。

三、动荡年代的动荡生活

身处那样一个动荡的年代, 没人能够逃避局势的裹挟,普通中国人虽然没有命运的大起大落,但是他们的生活却也是随风飘摇,波澜不断。

魏文华所在的南开区曲艺团,先是停止演出"就地闹革命",随后宣布解散,演员们一律下放到工厂。差不多同一个时期,所有区级文艺团体全部解散。

魏文华先是被分配到更生综合厂,"综合厂",听着好

131

像气势很大,等魏文华一进厂门,差点儿哭出来。这是什么工厂啊?厂院比自己家住的院子大点儿有限。再看那些员工,文华又忍不住想乐,除了两三位跟自己年龄相仿的女职工,其他人都在六十来岁,她忽然想起《空城计》里司马懿那句唱:俱都是老弱残兵!

想到自己从今开始直到退休,几十年就要在这个院子里度过,魏文华心有不甘。她找到当时的工宣队,请求能不能分配自己去一个大一些的工厂,得到的回答是,这是组织决定,不服去上告!

上哪儿告去!垂头丧气地回来,又不断地劝自己,在哪不都是挣钱糊口吗?平平安安过日子就行了。

这个民办小工厂主要的工作就是清理油棉纱,魏文华是刚进厂的新职工,被分配去洗棉纱,都是工厂里用过的棉纱,满是油污。当时正值冬天,河里冰冷的水把文华的手冻得开裂。她虽然自幼家贫、经常挨饿,却从没干过体力活儿,更没受过这样的苦,可她还是咬着牙,拼命地坚持。

后来由于年轻,又是细致的女同志,她被调到政工科。但是洗油棉纱那半年的生活,在她心里留下了深深烙印。

随后,在局里举办职工会演时,她发挥自己的特长,带领几位女工排练表演唱,还得了二等奖。

那个时期天津的职工文艺活动非常活跃,各区、各局都有职工文艺宣传队,节日庆祝演出,平日慰问职工,说是职工业余宣传队,很多都是各区院团下放的专业演员,即便是业余演员也是经过名师传授、水平很高的票友，全市各种会演常年不断、水准极高。因此一年多以后，上级有了新指示，把南开区曲艺团的部分演员集中起来，集体安置在立新纱管厂，有任务时排练演出，没有任务时就在车间劳动。

到了立新纱管厂，魏文华在纱锭车间干了一段时间，不久就调到了办公室。工作环境改善了，时间也略显宽松了，额外还有一项难得的福利，就是每月每人能分得十斤劈柴，因为纱锭是用木材削割做成的，所以剩下的碎木料很多。别小看这生炉子的劈柴，在当时那是跟肉、油、鱼、蛋一样珍贵而难得的生活用品。

十斤劈柴分量不算轻，魏文华拿不动，叫刘文亨骑着自行车来驮回家。刘文亨相声说得好，骑自行车却是弱项，往车子上捆绑七枝八杈的劈柴，更是手忙脚乱。好不容易捆上了，推着车走，一边走劈柴一边掉，文华跟在旁边一路捡，真是狼狈不堪。

同事们看了，禁不住笑："魏姐，快别让你家刘大哥费劲了，下回我给你送家里去吧。"

后来，他们家的劈柴，真的都是热心的同事们下班给捎着送家里去的。

随着宣传队工作的不断推进，魏文华他们的队伍又转到了渤海仪器厂，属南开区委领导，依然是有任务就排练演出,没有任务就在车间工作。虽然名义上不是专业团体的演员了,但是自己的演艺生涯没有彻底断绝,还能在全市会演中连连获奖。这时候,一儿一女逐渐长大,魏文华觉得略微松了一口气。尽管生活、工作几经波折,毕竟越来越往好的方向发展,她觉得很知足。

1979 年 12 月,为顺应拨乱反正的潮流、落实文艺政策,天津实验曲艺杂技团成立,隶属和平区政府文化科,演员主要来自于原和平区曲艺杂技团、红桥区曲艺团、南开区曲艺团。天津市实验曲艺杂技团是 20 世纪 80 年代重要的曲艺表演团体,拥有侯月秋、闫秋霞、张伯扬、周文茹、姜存瑞、艳桂荣、郝艳霞、陈凤芸、刘立福、于宝利、冯宝华、刘文亨、魏文亮等著名演员,实力与驰名全国的天津市曲艺团平分秋色。

刘文亨担任实验曲艺团业务副团长,魏文华在团里继续演唱北京琴书,和刘文亨成了一个团的同事。

四、与前辈的深厚感情

在魏文华心中,那是一段美好的时光。回归文艺团体再一次成为专业演员,并且跟文亨在一起工作,特别是调离了工厂,孩子们也渐渐长大,他们的劳累减轻了,时间也比较充裕。刘文亨要把耽误的时间补回来,他利用一切时间向老先生们请教。刘文亨每去老先生家串门,都是夫妻俩一起去,魏文华笑称是"陪读"。"陪读"也得看看教师是谁呀，马三立、侯宝林、赵佩茹、刘奎珍，这样的老师教的学生那得是"博士后"，"陪读"的也足够"硕士"水平。

他们夫妇为人正直善良，对人谦恭有礼，夫妻俩生活中恩爱，事业上互助，深得前辈们喜爱，是圈内有名的好人缘！

那时候刘奎珍先生已经嗓音失润不能登台了，但是他见闻广博、能活颇多，刘文亨、魏文华每天早晨都去刘先生家串门，刘先生对文亨特别喜欢，相声里的所有技巧、要诀以及个人的经验、感悟，倾囊相授。

刘文亨是赵佩茹先生的干儿子，赵先生爱惜他的才华，喜欢他的人品，对文亨疼爱有加、视如己出，爷儿俩感情特别深厚。文亨、文华下放工厂时，上有老下有小，生活困难，赵先生见文亨营养不良，就叫他每周去家里一趟，特意多做几个好菜，给他补养身子。

马三立大师从他下放的南郊区回到天津市曲艺团，当时住的离文亨、文华家比较近，夫妻二人就经常去马老家串门。马老对文亨多方教诲，从表演理论、观众心理到一段段具体节目，都是不厌其烦地细细讲来。比如《收租子》，这并不是一块新活，马老却连讲解带示范，用了四天的时间，给刘文亨重新加工了一遍。

有的时候，马老会说："文华，去跟你三奶奶聊天儿，她

刘文亨与马三立、侯宝林

从昨天就念叨你。"

文华会意，却故意跟老头儿逗："喊，还背着我，偏心眼儿！"

老头儿也跟她逗，眨眨小眼睛，笑眯眯地冲他摆摆手。

文华理解三爷的用意，相声里同样的"包袱儿"，使法上绝对不一样，那是要根据表演者的性别、性格、年龄甚至外形相貌的特色决定的。女演员不仅在节目选择上有很大的限制，在表演上也跟男演员截然不同，特别是马老的一些作品，全都是适合男演员，而且是年龄、资历、身份、在观众中的影响达到一定程度的男演员来演，老先生怕文华在一旁听着，潜移默化受了影响，反倒对她的表演不利。

又有的时候，马老不仅让文华听，而且重点强调哪些问题要她特别注意，比如《黄鹤楼》，马老就指点文华注意人物的身份、性格和特点。魏文华在老先生的指点下，领悟了自己应该如何处理："凡演《黄鹤楼》，这个逗哏的肯定是个'棒槌'，但是棒槌跟棒槌不同，我塑造的这个人物有她自己的特点,嗓子好,唱几句也不错,可是对整出戏却一知半解,还要强词夺理;但是马三爷由于现实生活中的身份高,那么他塑造的这个人在一知半解、强词夺理的同时,透出一种其实心虚却又装出居高临下的架势。而我就不能这样,我这个人物是爱唱、唱得不错,并且唱起来还挺认真,所以我在唱'心中恼恨诸葛亮,力逼孤王去过江'和后边的河南坠子'主公上马心呀心不爽'的时候,我都是正唱,这样就有了学唱的效果,又给包袱儿做了铺垫。"

马三立先生非常喜爱这两个尽心钻研的后辈,他也从不高高在上,而是亲热风趣。那天已经是上午十一点了,爷儿仨聊得挺痛快,文华提醒文亨该回家了,马老接口:"别走了,在家吃。"

马夫人一听,有点儿着急,冲着文华面带尴尬:"文华,别听他的!"

咦?文华纳闷,三奶奶是有名的热心厚道疼人的老太太,从来不心疼人们在家里吃喝,今天这是怎么啦?

三爷一本正经:"今天就这儿吃,给你们留着好东西呢。"说着用手一指冰箱,在当年那可是贵重物品,也只有马老家里才有。

"好啊,三爷爷留我们吃饭,我们就吃,我看看是什么好吃的!"文华说着,伸手拉开冰箱门。

啊!一碟咸菜!

文华哭笑不得,这老爷子,又跟我们抖包袱!

三奶奶赶紧解释："我说别听他的吧!昨晚上有人请吃饭,家里就没做饭。你们等着,我去买菜去。"

文华一把拉住三奶奶,文亨也笑了;"得了爷爷,我们还是回家吃吧,您这好东西我们家也有一碟。"

玩笑归玩笑,他们可没少吃三奶奶做的饭。马老给文亨说活到了兴头上,不知不觉到了中午,他们夫妻就留下吃午饭,有什么吃什么,跟在自己家老人身边一样。

他们建立起亲如家人的深厚感情,马老夫人去世,文亨、文华得着信儿赶到家里,马老是回族,夫人葬入回民墓地。伊斯兰教有规矩,非本教人不可进入墓地,送葬时马老发话:"让这俩孩子进去!"他们和家人一起,送三奶奶入土为安。

魏文华回忆说:"奶奶没了,我们更得常去了,跟老头儿聊聊天、说说活,就是多陪陪老人家!后来马老搬到高知住的科艺里,我们依然经常去看看。三爷对生活的智慧和豁达,让人敬让人爱,让你就想陪在他身边。"

后来刘文亨罹患中风,马老第二天就去看望。魏文华在楼下接着老人,说了刘文亨的病情,还说他太执拗不肯去住院输液,最后拉住老人说四楼太高了,怕老人家累着,力劝马老不要上楼。

马老想了想,先是对文华说:"你告诉他,就说是我说的,让他去医院输液!"然后抬头看看楼上,拍拍文华的肩膀,"文亨的情况随时告诉我,省得我惦记。"这才依依不舍地离开。

　　直到现在,魏文华仍然常常怀念与马三立师爷相处的那些美好时光。

　　与刘文亨、魏文华同样亲如家人的还有相声大师侯宝林先生。

　　刘文亨青年时代就有"小侯宝林"的美称,侯先生与刘文亨的父亲刘广文先生是盟兄弟,刘文亨称侯先生为"四叔",侯先生对这个晚辈极其看中,刘文亨也特别仰慕侯先生的艺术,早在20世纪60年代,爷儿俩就走得特别近。

　　"文革"中侯宝林先生受到冲击,刘文亨并未中断跟侯先生的关系,还和侯先生的弟子黄铁良一起,冒着风险去北京看望,并尽量寄去一点儿东西,给磨难中的先生带去安慰。

　　"文革"结束,侯先生复出。有一天侯先生的二公子侯耀华来到天津刘文亨家里看望,说话间拿出一百块钱,塞到魏文华手里。

　　"哥、姐,我爸补发工资,让给你们送来一百块钱,给孩子们添件新衣服,你们俩缺什么就买点儿什么。"

　　当时刘文亨、魏文华一家生活确实不宽裕,孩子们也确实穿着补丁衣服,文华拿着这一百块钱,看着文亨。

　　刘文亨接过钱,递给耀华:"这可不行,四叔补发工资是好事,可是我们不能要……"

话还没说完，就被耀华顶回来："我就是来送钱的，剩下的事我不管，你不要就自己退给老爷子吧。"

耀华走后夫妻俩为了难。一百块钱在当时不是个小数目，这是先生经受磨难后得到的补偿，他们不忍心要。文亨想给侯先生寄回去，文华也同意，但是又担心回绝了先生的心意，让老人家别扭，她把自己的想法说给文亨，文亨也觉得有理。夫妻二人面面相觑，一时都没了主意。

刘文亨愣了一会儿，叫上魏文华一起出门，直奔赵佩茹先生家。

二人进门说明了事情的始末缘由，文亨问："干爹，您说怎么办？"

"什么怎么办？"赵先生一瞪眼，"拿着！"

"这……"

"怎么了？他为什么给你送钱来？他那是惦记你，他疼你，他补发工资给你送点儿来，这就是拿你们当他的儿女啊！"

"干爹，"文华搭茬儿了，"可是我们过意不去啊，文亨想给四叔寄回去。"

"寄回去，你就等着挨骂吧！"

这一百块钱真是雪中送炭，帮了文亨、文华的大忙。从那以后，耀华就常来天津，按照父亲的嘱咐，给文亨、文华送钱送物。

侯宝林先生去世，刘文亨不顾众人劝阻，在魏文华和一子一女的陪护下，抱病赶到北京，在灵前磕头吊唁，并坚持守灵一夜，以表孝心。两代相声大家的深厚情谊保持了一生。

当初，就是侯宝林先生复出之后不久，天津有关方面组织了一场演出，把侯先生请来攒底。先生住在天津第一饭店，文亨始终陪着先生和夫人。

当时侯先生还没正式恢复演出，所以也没带搭档，于是就提出："让文亨给我量活！"刘文亨婉言谢绝了先生的美意，请出天津老一辈捧哏名家穆祥林先生为侯大师量活。

文华曾经不解文亨的用意，文亨说："四叔是相声大家，他老人家让我量活儿是喜欢我、抬举我，可是别人就难免认为我这是借侯先生的蔓儿，这又何苦呢？天津不是没有好量活的，请出穆老师，对整场演出、对四叔的表演都有好处。"

演出在天津体育馆举行，天津观众听说沉寂多年的侯宝林要登场，十分兴奋，体育馆里座无虚席。因为跟大师同台，参加演出的演员们都拿出自己的看家本领和最饱满、最充沛的情绪，头三场就包袱连响，剧场气氛异常热烈。前边的效果这么好，后边的演员越发不敢懈怠，这样的舞台如同擂台，一旦落在下风，那还了得！

接着是魏文亮、高英培这两位演员与他们的搭档上场,这二人都以火爆热烈见长,当时正值壮年,气力充沛,经验丰富,技艺精道,人气高涨。魏文亮下场时剧场的房盖都快被笑声、掌声掀翻了,接场的高英培岂有不卯上的道理? 垫话还没使完,笑声已经兜着四角响起来。

后台,侯老夫人见此情景,赶紧找到文亨。

"文亨,"侯夫人忧心忡忡,"看这阵势了吗? "

"嗯,看见了!"文亨点点头。

侯夫人京剧演员出身, 多年来跟着侯大师什么场面没见过,对舞台上的一切自是洞若观火,此刻禁不住十分担心。

"文亨, 你四叔可是十年没开口了啊, 现在年纪又大了,又是临时找了穆先生搭档。你看文亮、英培这阵势,你四叔接这么硬的场, 一旦有一点……这可就算泥(泥:失败)了! "

"四婶,"文亨立即接口,"您别说了,我明白! "

说着话,胸有成竹地站到上场门,他知道自己要做的事——降温!

高英培、范振钰下场,刘文亨、王文玉上场了,在不影响效果的前提下,刘文亨娓娓道来的表演,将观众的激昂情绪逐渐平复,使剧场气氛趋于平静,观众回到平心静气地玩味每一句台词的状态。

掌声中刘文亨、王文玉下场,侯先生上场。

在侧幕条,侯夫人一把拉住文亨的手:"儿子! 你可给你叔帮忙了,也给他露脸了!"

这样的做法,不仅是一种品德,也是一种本领,刘文亨这样做还不止这一次。曲艺理论家倪钟之与刘文亨交往三十多年,他们是同事兼好友,他们先是共同在和平区曲艺杂技团工作,"文革"后又同时参加实验曲艺杂技团,最后进入中国北方曲艺学校,倪钟之担任教务主任兼文学专业主任,刘文亨担任诵说专业主任。倪先生在一篇文章中特别提到刘文亨的大局意识以及把控舞台的能力,文中说:

例如过去在团内,有些重要演出,经常由我担任舞台监督,每逢返场时,他从不自作主张,下台后总是先看我的手势,都是经我同意才返场,有时根据剧场情况我有意控制返场时,他毫无怨言服从整体安排。特别有时候为制造剧场气氛,让他顶着观众的热烈掌声接场,他了解我的用心,从不摆名演员的架子等前场掌声冷落再上台……天长日久我们的这种配合依然很默契,从我给他的眼神他就知道是让他把观众的情绪继续推向高潮,他返场时便留有余地,故意引起观众兴趣而不满足,这时观众决不罢休,掌声更加热烈,继续要求返场,便达到了我们的目的。有时我给他的暗示是到此为止,他返场时就尽量满足观众的要求,这场返毕掌声便会自然下落。

从倪先生的文章中可见,刘文亨从来都是考虑整台晚会的效果,而从不顾及自己的所谓影响。而这次为侯大师

143

解围,不仅是全局观念,还有对父辈的体谅、理解和尊重。

五、夫唱妇随

魏文华说,在相声界有一个说法,论本事、论人缘应该挣大钱却没挣来的有三个人,苏文茂、赵振铎、刘文亨!

为什么?魏文华说:因为他们个别!

20世纪80年代,文艺界流行走穴,就是由个人牵头,邀请各个艺术门类的演员,联合演出。有人来请刘文亨,先问"要什么价",魏文华暗地里拉拉刘文亨的衣角,示意他要个高价。

刘文亨慢条斯理地开口了:"要什么价啊,常言说黄金有价艺无价,你给一分钱不嫌少,给十万块钱也不嫌多,可有一样,我演出得有条件。"

"您尽管说,什么条件?"

"不多,三条:跟光大腿的同场我不演,跟穿衣服太少的同场我不演,跟胡喊乱叫没腔没调瞎唱的同场我不演。"

"好么!"来人转身就走,"您都满意了,我们别干了!"

刘文亨没有全盘否定新事物的意思,更不是唯我独尊不把别人放在眼里,他只是爱惜自己倾注了多年心血的相声艺术,不愿意把相声置于鱼龙混杂的境地。

还有一次,一位非常要好的朋友来找刘文亨:"哥哥,我有个朋友,他儿子要结婚,他们全家都爱听您的相声,特别崇拜您,希望您能参加婚礼。"

"好么!"刘文亨痛快地答应,"你的朋友就是我的朋友,我去!"

"那可太好了,我还给您要了报酬呢!"

"啊?"刘文亨沉下脸,"兄弟,咱俩是好朋友,那么你的朋友就是我的朋友,朋友家有喜事去道喜,这是应该的。怎么可以找人家要钱呢? 对不起,我不去了!"

或许在当今看来,刘文亨的行为显得有些迂腐,可是却处处显露出他耿直、高贵的人品。

刘文亨的举动,潜移默化地影响着魏文华,以至于也成了她为人做事的宗旨。比如演出收入,大部分搭档在分钱时逗哏演员都是要多拿一些的,而刘文亨不论跟哪位演员合作演出,所得劳务都是一人一半,俗称"刀切账"。魏文华也延续了这种作风,无论谁给她捧哏,一律"刀切账",后来经常是青年演员刘磊、张尧给她捧哏,在学校里他们都是她的学生,按相声门的辈分又都是她的晚辈,"刀切账",孩子们自然不答应。小伙子们为表示对老人的尊重,坚持不要钱。可是老太太比他们还能坚持,左推右让,他们必须拿一部分,年轻人过意不去,哪承想老太太更过意不去,叹了口气说:"你们就是不听话! 我这样做,已经违背文亨的意愿了。"

刘文亨担任实验曲艺杂技团业务副团长多年,后来由

145

于要充实天津市曲艺团的相声演出力量,将刘文亨、魏文亮调到该团,魏文华也随着调入,在资料室管档案。再后来,他们夫妻同时进入中国北方曲艺学校。

这期间颇有一番周折。

还是在实验曲艺杂技团筹建期间,演员们已经集结起来,就等正式宣布成立然后开始工作,刘文亨也已经被确定担任业务副团长,就在这时候,空政文工团有意特招刘文亨入伍,派来了该团天津籍创作员宋勇找刘文亨商谈。刘文亨早在青年时期就有从军梦,此时有这个机会,自然也很兴奋。宋勇与刘文亨相识多年,对文亨的艺术、为人十分敬佩,先是向领导极力推荐,接着就奉命奔走于北京、天津之间与各方接洽,办理手续。当时天津市已经有指示下达到文化局,不可轻易放走演员,刘文亨这样的著名演员更是要确保留在天津。宋勇费尽周折办好了天津方面的相关手续,回到北京却因为正逢公休,政治部的公章晚盖了一天,结果天津方面得到空政要调刘文亨的消息,文化局艺术处处长亲自出面跟宋勇谈话,强调天津要留住刘文亨的决定,就这样阴差阳错,刘文亨终究也没穿上向往一生的军装。

当时,空政文工团是要把他们夫妻一起特招的,到了北京,特别是进入部队,不仅个人艺术发展前途更加广阔,而且生活待遇、子女入学甚至孙辈的未来都将有很大的优势。如果刘文亨自己坚持,甚至动用一些人脉、走走关系,也未必就真的不成，但是他毫无怨言地服从，尽心尽力地做好实验团的工作，只把军旅梦的破碎作为一个小小的遗憾深留在心底。

魏文华更是默默地接受了一切。文亨担任副团长工作繁杂，又得坚持业务演出，难免疲累，她就料理一切家务，做好后勤。

后来实验团由于很多老演员年岁已高退出舞台，还有部分演员调离，演出日渐稀少，大有"名存实亡"的态势，于是又发生了"孙福海冒雨访师哥"的故事。

那是一个大雨天，刘文亨、魏文华家住的南市地界，积水已经深及膝盖，就在倾盆大雨中，忽然有两个人推门而入，夫妻俩一看，是他们的师弟孙福海，当时是天津市曲艺团的书记，身旁是副团长高寿鹏。

刘文亨一愣："兄弟，这大雨天，你怎么来了? 有事?"赶紧张罗擦脸、让座。

孙福海是杨少奎的弟子，刘文亨的亲师弟，进门也不多客气，擦干净脸坐下："师哥，大姐，我今天来可不是私事，我是代表曲艺团来的，所以寿鹏团长也一起来了。"

曲艺团二位领导冒大雨前来，诚邀刘文亨调入天津市曲艺团，这其中就有怕他再被外地团体挖走的意思。

刘文亨深受感动，不久，刘文亨、魏文华双双调入天津市曲艺团。

147

听到这个消息，有一人禁不住击掌叹息："晚了一步！"这个人就是刚在天津市曲艺团团长任上退休、正在筹建中国北方曲艺学校的王济老人！

王济先生刚一退休即受命筹备建立中国北方曲艺学校，心中早已认定诵说专业主任非刘文亨莫属，原本想是从实验团直接调来刘文亨，没想到被曲艺团抢了先。于是等正式建校文件一到，王济先生便去文化局商谈调人事宜。

不想这个时候孙福海也升任文化局的领导。孙福海自幼学艺，对相声感情深厚，虽然做了领导工作，但是这份情结却深深植根于心，他担心刘文亨调离影响了曲艺团的实力，因此有些犹豫。

王济以老前辈的身份，向孙福海说明建立中国北方曲艺学校对于曲艺事业发展的重大意义，并提醒他，在更高的领导岗位上要有更深远的眼界，要从全局的角度出发。其实孙福海何尝不明白这个道理，只是对自己工作多年的天津市曲艺团有感情，自然考虑多了一些，现在看王济老"不得文亨誓不罢休"的样子，便欣然答应了。

老少二位领导这番你来我往，事件的中心人物刘文亨却未发一语，服从大局、服从安排，这是他一贯的做法。

直到中国北方曲艺学校调令正式下达，他才温和地表示，自己正值盛年，就此告别舞台转到幕后，似乎有点儿遗憾。谁知二位领导早就想到了这一点，曲校、曲艺团协商决定，刘文亨就任中国北方曲艺学校诵说专业主任以后，天津市曲艺团如有重要演出，他照常参加，可谓教学、演出两不误。遇到这样的领导，刘文亨心怀舒畅，他愉快地走上了新的岗位。

魏文华同时调入中国北方曲艺学校教务处。

崭新整齐的校园，朝气蓬勃的学生们，这一切都让魏文华觉得兴奋和喜悦，新的生活开始了。

第五章 瑰丽夕阳

一、教书育人

1986 年初秋,当时的天津水上公园附近清朗安静而略显荒凉。9 月的一天,一群少男少女的歌声、笑声、欢呼声打破了这里的宁静,中国北方曲艺学校迎来了第一批学生。

那个时候,北方曲校的五层教学楼曾经是宁家房子一带的最高建筑。

中国北方曲艺学校的建立,得到时任中共中央政治局常委、中央纪检委第一书记陈云同志的关心和重视。1984 年春节期间,陈云会见曲艺界人士时,得知已在筹建中国北方曲艺学校一事,明确表示赞许和支持,并于 1986 年 3 月 4 日为该校题写了校名,还将《陈云同志关于评弹的谈话和通讯》一书的稿费捐赠给该校。

该校是文化部直属的中等艺术学校,受文化部和天津市文化局的双重领导,由文化部和天津市人民政府共同筹建。1984 年 9 月在天津破土动工,1986 年 8 月竣工,同年 9 月 12 日开学,文化部常务副部长高占祥揭幕。

中国北方曲艺学校以陈云同志"出人、出书、走正路"的指示为办学宗旨，要培养出既有正宗传统功底、又有现代思维的新型曲艺工作者。首任校长王济先生是新中国成立后天津电台第一任文艺部主任，业内公认的内行领导。在他的主持下，不仅录取首批学生非常严格，教师也力求达到当时各个行当的最高水平。

刘文亨担任诵说专业主任。

在他的学生中，既有刘彤这样从小拜师名家师胜杰、业内称为"带艺投师"的学生，也有陈健民这样的曲艺世家子弟，而绝大部分，像王斌、韩冰、刘畅、庾铭、张忠、黄蕾蕾等，都是从来不知曲艺为何物的懵懂少年。刘文亨自幼学艺，看着眼前跟自己当年年纪相仿的男孩子们，不禁感慨万端。如果说自己当年学艺是生活所迫只为糊口，那么这些孩子来学习则是关系到曲艺艺术的未来，他深知自己责任重大。

魏文华感到特别满足。不是因为有了极好的工作环境、还分了一套楼房，而是她觉得自己一个从没进过学校大门的人，竟然当了真正的教师，她有一丝抑制不住的自豪感。

她在教务处负责一些事务性工作，她认真仔细、有条不紊，在实习演出时还负责给女生们化妆。同时，她还主动当起诵说班学生们的编外"生活教师"。早晨，早功后、上课前，经常看见她端着饭盒，里边是从学校食堂买来的油条、天津叫"馃子"、烧饼和咸菜,叫着某个学生的名字:"你今天起晚了,没吃早饭就上早功,一会儿就上课了,快吃!"

学生们毕业后,特别是最初的几年,经常有人回天津找到刘文亨老师,有的请教一些在实际工作中遇到的问题,有的就是再来学习几段节目。刘文亨总是先数落几句:"现在知道会的少了?当初在学校,让你们多上几块活,那个不情愿啊,那个贪玩啊。哼!"

随即就是不厌其烦地一遍又一遍,直到教会了,教到做老师的满意为止。魏文华把每个学生都当成自己的孩子,照顾吃喝,关心冷暖,学生们回到天津老师身边,仿佛回到家里一般。

这些学生成长起来后,很多人成了知名演员、各单位的领导。魏文华晚年,特别是刘文亨去世以后,经常有学生把师母接到自己所在的城市玩儿玩儿,其间照顾得无微不至,老太太大感欣慰。

刘文亨是在 1990 年去西安招生回来罹患中风的,经治疗虽然好转,但是行为和语言功能受到阻碍,只能坐在轮椅上,并且说话含糊不清,这一点尤其令人心疼。他清楚有力的声音、嘹亮传神的歌唱,从此永诀舞台,这是他个人的遗憾,更是喜爱他相声艺术的观众们的遗憾。

刘文亨虽然是一位成就斐然的相声演员,但是在生活中为人方正端庄,不苟言笑,甚至有点沉闷。他患病后,魏文华和他们的一子一女以及亲朋好友都担心他的心情郁闷,出乎大家意料,刘文亨却表现出超乎寻常的乐观开朗。那时候他们住在学校后边的教师楼,每天早晨,学生们都把刘老师的轮椅抬到楼下,推着他散步、晒太阳。他和少年们在一起,显得特别开心,常常扬起头,发出"呵呵"的笑声。

有一天,操场的两端走来两个人,一位是相声专业的教师田立禾,一位是教务处的老师李文禧。怎么这么巧,二位都是瘦高个有点驼背,走到近前,二位老师站住,互相微微鞠躬致意,正在晒太阳的刘文亨用手一指:"一个括号!"太形象了,而且越看越像,大家的笑声惊动了田老师和李老师,问清原委,二位也忍不住笑了。

魏文华担任相声专业教师,是在中国北方曲艺学校相声专业招收了八名女学生之后。当时的另一位校长赵俊杰先生提出请魏文华老师教这几位女生。相声女演员本就不多,新中国成立以后更是只减不增,比如天津,自从魏文华改唱北京琴书以后,直到曲校招女生的那年,几乎已经没有女相声演员了。随着新时代、新形势,更年轻、更时尚的女相声演员开始出现,这也是中国北方曲艺学校相声专业开始招收女生的原因。

魏文华接受任务,心里却忐忑不安。自己虽然从小就说相声,但是没上过学,不懂得正规的教学方法。况且,那是 20 世纪 90 年代,也不是四十年前,这女孩子说相声,究竟应该怎么教呢？

她是一个言出必行的人，既然接受了任务，就要千方百计地做好，她决定在教学中摸索方法。有幼时老先生们的教诲，刘文亨上课时她也曾经旁听过，又有多年的舞台实践经验、体会，最重要的是有教好新一代女相声演员的心愿，于是她信心十足地走上讲台。

跟自己当年学艺一样，从贯口、绕口令开始，锻炼学生的语言节奏、语气分寸，同时她还根据时代潮流，确定了这些女孩儿都以逗哏为主攻方向，打破了教授男生惯用的互相捧逗的惯例，还从别的教学组请了两个成绩比较好的男生，担任女生们的捧哏。魏文华因材施教，她的教学很快显出了良好的成效，这八个女孩进步神速，每次专业考试都是名列前茅。

这八个女孩毕业以后，大部分从事了文艺工作。张晓琪在学校时成绩就很好，到部队工作以后，极好地发挥了自己的艺术专长，她写信向老师汇报了在全军会演中获奖的好消息，并说到司令员上台接见获奖演员，握着她的手说："你的一举一动，都是专业演员风范，你肯定有一位高明的老师！"晓琪自豪地说："我是中国北方曲艺学校毕业的，我的老师是老一辈相声女演员魏文华！"

看了学生的来信，魏文华激动万分，她的信心更足了。

渐渐地也有男生分到魏老师的组里，她选择的节目就更宽泛一些，比如教了刘文亨的拿手小段《评书趣谈》。

154

魏文华与学生们在一起

这是一段经刘文亨、王文玉二位精心打磨的节目，还曾经得到过相声名宿刘奎珍的指点，在这个小段中，刘文亨通过正学略带北京口音的普通话评书和歪学业余爱好者夸张的天津口音评书，既带领观众领略了传统评书之美，又塑造了一个生动有趣的天津人的形象，节目虽短小，却在观众中有着广泛的影响。于是魏文华就给两个男孩子上了这段。

觉得差不多了，自然要请本尊审查一番。魏文华把学生带到家里，两个孩子在刘文亨面前，规规矩矩说了一段《评书趣谈》。

表演完了，魏文华和两个学生一样，略带紧张地等待刘文亨评判。

"嗯，不错！"刘文亨冲着两个学生，微笑着鼓励了一番。

接着转过头来看着魏文华："就是有两处小问题，这可是老师教的毛病。"

"哦，哪两处？"魏文华特别认真，"你说出来。"

"这两处吗，其实也不是什么大毛病，"刘文亨病后说话费劲，此时尽力咬清字眼儿，"就是使北京口没有北京味儿，使天津口没有天津味儿！"

这还不是大毛病?! 北京口、天津口，是这个节目的关键所在，您这一句话，等于把一段都否了。

送走了学生，魏文华不乐意了。学生们面前端庄和蔼的魏老师，在文亨跟前又变成半个世纪前的小姑娘，满面娇嗔："你怎么回事？有你那么说我的吗？"

"你想让我怎么说？"文亨非常认真，"本来就不像吗！你自己都没学像，怎么教学生？"

"那怎么办？"嘴上不服，心里早就承认人家说得对，习惯性地要主意。

"那还能怎么办?学啊！"说着抬起手，用大拇指直指自己的鼻梁。

老夫老妻，仿佛又回到新婚时节。

这是妻子执教授艺带给刘文亨的安慰和快乐，他遗憾地离开了教学一线，看着妻子接替了自己，发自内心地高兴。

魏文华一直坚持在校授课,培养了一批又一批有用之才,直到现在,八十高龄的她仍然每周坚持到校上课,从未间断。

二、重归相声舞台

魏文华重新登上相声舞台,是在 1997 年。当时为了抢救、保护传统相声,天津文化部门邀请本市及外地的老演员,录制了一批节目。

这一天,刘俊杰来找魏文华,请她参加录制。至此,魏文华已经二十多年没正式说相声了。

魏文华有些怵头,她先是改唱北京琴书,随后又在工厂干了十年,重回南开区曲艺团和进入实验曲艺杂技团也都是演唱北京琴书,在天津市曲艺团和中国北方曲艺学校初期又都是从事行政工作,对于相声,搁置的时间太长了。虽然现在担任相声教学,但是跟舞台上表演还是有所差异的,自己还能不能找回原来的感觉,她实在心里没底。

刘俊杰却信心十足:"大姑,您是自幼学艺,那是童子功,您倒磨倒磨,绝对没问题。再说这是录像,哪里忘了,哪句没录好,可以重来的。"

在俊杰的鼓励下,魏文华决定试一试。她先跟弟弟魏文亮排练了《黄鹤楼》。

时隔几十年,姐姐人已花甲,弟弟年过半百,再一次按捧逗的位置站好,未曾开口都已经感慨万端。

157

回忆起这件事，魏文华自己都感叹："你可别小看小时候的基本功，太管用了！"姐姐逗、弟弟捧的《黄鹤楼》和弟弟逗、姐姐捧的《汾河湾》，只排练一两遍，就完全恢复了当年的默契，录像时一气呵成。

魏文华又请了刘文亨后期的搭档王文玉先生，二人合作录制了《学大鼓》《学评戏》《杂学唱》《洋药方》等节目。

连魏文华自己都没想到，她就此一发不可收，随后演出邀请接连不断，时隔近三十年，她重归相声舞台！

魏文华与相声，几番分分合合，且不提入届中年时改唱北京琴书、特殊时期转业去工厂以及做行政工作的几年，单说她青年时代，就有好几次想到要离开相声，想改

魏文华与弟弟魏文亮

158

唱鼓曲,还自作主张考上过评剧团。回忆起来,她自己讲过这样的话:"我曾经一度很迷茫,甚至想不干了。因为女相声演员难度太大,在节目选择上受限制那就不用说了,最大的难处还是提升空间有限。比如文亨、文亮他们,下了台不管问哪位前辈,师爷或是叔叔、大爷,您看我刚才这段使得哪有毛病? 老前辈们肯定会特别诚恳地指出来,听不明白就再说一遍,直到教会他们为止,你想他们能不长进吗? 我也问过,师爷或是叔叔、大爷,您看我刚才这段使得哪有毛病? 老头儿们倒是挺和气,挺好挺好,闺女,说这么半天累了,快去喝点儿水! 人家都不拾我这个茬儿。可不是老先生们保守,也不是我这个人讨厌,而是人家认为你一个女孩子说相声,能在台上演下来,还有观众鼓掌,这就不错了,还指导什么呢? 反正也提高不到哪去,说重了女孩子再受不了,干脆甭费这劲了。您想想我多苦恼,所以一度打算改行。"

另外还有外界对女相声演员的误解甚至偏见,也很让人无奈,不要说外界,连演员们自己都忐忑不安。魏文华说起过一个笑话,那是在南开区曲艺团的时候,有一次她演倒二,返了四个小段以后,攒底的姜宝林上了。

姜宝林以快、帅、火炽著称,剧场反响热烈,也是连返四场,等演出结束,满头大汗的姜宝林下台,魏文华沉着脸用手指着人家:"你,你也返四个。"

"是啊。"姜宝林笑着说。

159

只见魏文华，先是眼圈一红，接着眼泪便噼里啪啦往下掉。姜宝林吓坏了，自己就说了两个字，怎么惹这么大祸？大伙儿也纳闷，连老带少都围过来，这是唱的哪一出啊？

魏文华抽抽搭搭："我，我跟他返场一边儿多，我肯定在台上犯贫了，肯定犯扯了。你们帮我想想，我刚才在台上都说什么啦？"

扯是天津方言，说到女性，就是疯癫轻浮、不庄重的意思。

哦，就为这个啊！大家伙啼笑皆非。纷纷劝解：你演得好，观众欢迎你，这都是咱们的老观众，你若真犯贫犯扯，他们才不答应呢，早把你轰下去了。好说歹说，才让文华相信大家的话，这件事一时传为笑谈。尽管当时因为年轻天真，但是由此也可见，洁身自好的文华有着多么大的心理压力，也难怪她几次想到改行。

然而命运就是充满玄机却又终归注定，走走停停，兜兜转转，魏文华与相声，终又在她步入晚年的时候重新聚首，并再不分离！

年华老去，对于所有女人都是情不自禁的悲哀，特别是演艺界女性，年龄的增长意味着她们的艺术生涯不得不走向尾声。而魏文华却是个例外，年近花甲，她进入了艺术生命最为辉煌的时期。

岁月流转,洗去了少女的青涩,消磨了少妇的娇羞,留下的是沉静安详、从容洒脱。她的相貌端庄、衣着得体,尤其是亲切、祥和的风度以及精湛的技艺,使她赢得了广大观众最真心的喜欢和尊重。

尽管在这期间,她遭受了人生中的重大打击——相爱一生的伴侣刘文亨去世。相守四十多年,他们始终相濡以沫,同甘共苦;床前侍病十年,她和一双儿女精心贴心,不遗余力。不留遗憾地送走了文亨,这种欣慰减轻了几分她内心的悲苦。

命中注定相伴相随的相声,陪着魏文华走过了刚刚失去文亨的那些黯淡时日。她跟自己说:没有了文亨,今后的路我自己走,并且要走得一样好!

每天早晨起床后,打开窗户呼吸新鲜空气,然后背诵几段贯口,新的一天就在她抑扬顿挫的练功声中开始了。她生活规律,喜欢活动,《今晚报》体育版还曾经做过她锻炼身体的专访。她说身体好了,我才能多演出,给观众送去更多笑声。

她的演出越来越多,爱听她相声的观众也越来越多,尤其让她兴奋的是,观众里的年轻人也越来越多。

她从春子、文华、魏老师,成了魏奶奶。

北京,周末相声俱乐部,魏文华应邀演出,她与孟凡贵合说的一段《学越剧》让现场掌声雷动。演出结束后,几十

魏文华与孟凡贵合作表演相声

位观众围上来握手合影，几位年轻人大声说："魏老师，我们都是您的粉丝！"

"好，好，谢谢！"老太太连连致谢，可是心里实在纳闷，低声问身边的相声名家李金斗："斗子，人家说是我的什么？"

李金斗，当代相声界的顶尖人物，在文华老人跟前却是又恭敬又亲热，搂着老太太的肩膀，提高声音说："娘，大家说是您的粉丝！"

"粉丝？"老太太抬头看着金斗，就差问"宽的细的"了。

"就是您的忠实观众！"

"哦！哎哟，太感谢了！谢谢大家！"老人乐了，观众们也乐了

七十年演艺生涯积累的经验，使她在舞台上游刃有余、挥洒自如，而又融会贯通、精彩迭出。

还是与孟凡贵合作，演出《学大鼓》，有一个情节是魏文华自称京韵大鼓唱得最好："有一回，我唱了一段京韵大

鼓,台下坐着骆玉笙老太太,我唱完这一段,老太太上后台找我去了,哎哟文华啊,你这段太好了,我怎么不会啊,你教教我吧,你看还用拜师吗?我说老太太不用拜师了,您要学啊……”

她越说越快,捧哏的孟凡贵几次拦不住,只好喊了一声:“吁!”

魏文华戛然打住:“你干嘛呢倒霉孩子,叫驴呢!”

观众轰然而笑。别看孟凡贵也不年轻了,可是在老太太面前不论年龄还是辈分,还真就是孩子。

孟凡贵赶紧说;“不然拦不住您!”

“你老拦我干嘛?”

“我能不拦您吗?您这说的都离谱了。骆玉笙,骆先生,那是京韵鼓王,要跟您学?您唱的她老人家还没听过?”

“对,骆老太太就是没听过。怎么你好像不信?”

“干吗好像啊,我就是不信!”

“不信你问去!”

“我问谁去?”

“问骆老师!”

“我没处找她去!”

“没处找,让高英培领你去啊!”

“那我还回得来吗?”

“让刘文亨送你回来呀!”

骆玉笙、高英培、刘文亨当时都已经作古,高英培是孟凡贵的师父,刘文亨是魏文华的丈夫,这个三环套月的包袱步步递进又自然天成,逗得前台后台笑声一片,尤为难得的是,这个包袱是现场脱口而出,行话叫"现挂"!

"现挂"是最考验演员临场应对能力的一项技巧,出乎意料又对应当时当景,特别有效果,也只有舞台经验丰富的演员,才能运用得恰到好处。

魏文华还有一个为人津津乐道的"现挂"。

那是个炎热的下午,魏文华得到一个消息,侯耀文突发疾病去世了。突闻噩耗,她先是惊诧,接着就是一阵抑制不住的悲痛。但是她不愿意相信这是真的,希望这是个讹传的谎信儿。好在晚上有演出,又是跟孟凡贵合作,凡贵的消息肯定是准确的。

惦记着这件事,魏文华比平日早到后台,见到孟凡贵,确定了消息真实,老太太伤心得泪流不止。但是演出还要继续,直到快上场了,她才极力平静下来。

演员们人人心中难过,台下,很多观众也从互联网上得到了侯耀文去世的消息,因而剧场的气氛显得特别压抑。前边几场,就这么不疼不痒地过去,轮到魏文华、孟凡贵上场了。魏文华明显感觉到这种这种特殊的氛围,演员和观众竟然都有一种说不出来的窘迫。对此老太太有自己的想法,她想毕竟这还是相声专场,既然演出照常进行,作为演员就不应该给观众制造悲伤气氛;而绕开这个最新话题,又不大可能。

于是她决定开门见山:"我想各位观众也都知道了一个不幸的消息,大家喜爱的相声演员侯耀文今天去世了。我跟耀文我们姐儿俩感情很深,所以我跟大家一样,心里特别难过。"说这句话时,老太太声音哽咽了。紧接着,她面对正前方端正地站好,深鞠一躬,"耀文弟弟,一路走好!"

就在观众不知如何回应的时候,她又深鞠一躬,略微提高了声音:"凡贵贤侄,一路走好!"

"噢,我也没了!"孟凡贵恍然惊呼。

顿时,观众席笑声骤起,紧接着是经久不息的掌声、喝彩声。后台的人们也被这个突如其来的包袱儿逗乐了,台前幕后所有人的抑郁情绪得到发泄,演出终于恢复正常。

演罢下台,众人在台口迎接老人,纷纷挑起大拇指。

相声使魏文华的晚年生活多姿多彩,她也为天津的相声舞台增添了一道独特风景,观众喜欢听,她也喜欢演。谦祥益文苑、中华曲苑,各种公益演出、非遗专场,各种艺术研讨活动,都能看到她的身影,虽然瘦弱,步履也有些缓慢,却精神十足。但是毕竟年岁不饶人,难免身体有些不适,好在魏文华老太太重视自身健康,有什么不舒服就及时去医院。

大夫也认识这位说相声的老太太:"魏老师,您来啦,

165

哪不舒服啊？"

"大夫，我感觉有点头晕。"

"那先量量血压。您看，果然是血压又有点儿高，您没停药吧？"

"没有，按照你的嘱咐，一次没落过。"

"哦，那您是不是累着了？最近又演出了吗？"

"昨天演了，正活使的《洋药方》，又返了两小段。"老太太说着有点儿底气不足，准知道接下来就得是医生的批评。

"好么！"大夫也是天津人，熟悉相声，"《洋药方》那么多个贯口，您这么大岁数还演，您这是累着了，回家好好休息吧。"

"可是，我演的时候没觉着累啊。"老人为自己辩解。

"演时没觉得累，现在可血压升高了。"大夫也乐了，"老太太，我有个好办法能治您的病。"

"是吗？那你快给我治治啊！"

"赶紧给您搭个舞台，一上台您这病就全好了！"

"大夫，你也会抖包袱啊！"

医生也是老太太的粉丝，陪着拿了药，直把老人送到门口。魏文华感动又感激，这又是相声牵线结下的缘分。

"相声给了我精神上最大的慰藉，观众给了我关爱和力量，只要登台演出，我就高兴。"在一次接受《今晚报》记者采访时，魏文华老人动情地说。

三、宝岛之行

2015 年 4 月 23 日，魏文华应台湾台北曲艺团邀请，前往台湾参加"2015 年台北大碗茶在西门红楼十周年"庆典活动。

以叶怡君女士为团长的台北曲艺团，大部分是女相声演员，而在全国，魏文华这个年龄、这个辈分的女相声演员已经不多，能在台上逗哏的，大概只此一位了，他们邀请魏文华老人，也有现场示范的意思。天津的报纸以"天津'魏奶奶'传递快乐到宝岛"为题做了报道。

魏文华选择青年相声演员、中国北方曲艺学校的专业教师张尧为自己捧哏，张尧是刘俊杰的弟子，对艺术执着专注，捧哏沉稳严实，不拖不抢，繁简得当，跟各个年龄段的逗哏演员合作，都能恰到好处。他为人忠厚谦逊，很得长辈们喜爱，也深得同辈和学生们尊敬。

台北西门町的西门红楼剧场，那可是大名鼎鼎。

西门町，位于台北市万华区东北部，为台北市西区最重要的消费商圈，也是台北著名的流行商圈，这里最具特色的徒步区是台北第一条专为行人设置的区域，红楼、刺青街、电影街、KTV、万年大楼、万国百货、诚品书店和各式各样的精品小店都可以在西门町看到，是台北民众假日最喜爱的去处之一。在西门町，几乎每个周末都有小型演唱会、签唱会、唱片首卖会登场，各种电影宣传、街头表演等活动也常常可见。据说当年林青霞就是在西门町与友人逛街时由星探发掘而起，成了有名的电影明星。

而西门红楼更是尽人皆知，它位于台北市万华区的成都路上，紧邻西门町徒步区。共两层高的这栋红砖洋楼为1908年所建的台湾三级古迹，而该建筑最独特的地方在于其特殊的十字架和八卦造型，每个正立面8米，也因此，该建筑早期被称为八角堂。

后来，祖籍上海的知名商人陈惠文等人承租了八角堂，并改名为沪园剧场，陈惠文于该剧院二楼添置戏台与三百余座位后，以表演京剧为主。1951年，陈惠文又将沪园剧场改名为红楼书场，表演内容也从京剧变成了说书说相声。而其取红楼之名，一则是因为红砖洋楼的外观，二则也为配合说书的雅致情趣。

由表演京剧转变成说书说相声的红楼后，因来自大陆的"移民"逐渐增多及场地大小适合，颇受欢迎。后来更于评书、相声之外，增设越剧表演，同时将红楼书场正式更名为红楼剧场。1997年，红楼剧场列入台湾第三级古迹，定名为西门红楼。

可见，西门红楼不仅历史悠久，而且与传统艺术有着不解之缘。故而叶怡君团长邀请魏文华老人来演出时，一再说明西门红楼的观众必定能够接受传统相声，并且特意烦请老太太表演经典"腿子活"《黄鹤楼》。

老人家听说西门红楼的历史渊源，十分兴奋，她愿意把自己最精彩的节目带给台湾喜爱相声的同胞，于是定下了三段必演的节目:《黄鹤楼》《杂学唱》和《学大鼓》。可是张尧却为难了,因为《杂学唱》和《学大鼓》是他们娘儿俩常演的节目,而《黄鹤楼》,尽管台词都会,可是张尧没正式演过,此番台湾之行,不仅是参加庆典,更是向宝岛观众介绍天津相声的一个好机会,因此老太太重视,张尧也重视,可是这段《黄鹤楼》又是叶怡君团长特别邀请的,总不能不演啊!

"尧尧,这有什么可发愁的? 反正词儿你都会,我教给你。"老太太爽快地说。

"奶奶,您教给我,我当然是求之不得,可是,我怕您累着。"张尧说的都是真心话。

"你又不是生坯子,怎么会累着我呢? "老太太恳切地说,"人家叶团长点咱们这段儿,咱要是不演,一来丢了天津相声界的脸,二来也让台湾观众失望,咱们一定得演。再说趁这个机会你学会了,以后也能教给你的学生。你看看,咱娘儿俩这叫一举几得。孩子,我对你有信心。"

张尧大受感动,于是魏老师就一句台词一个动作地为张尧示范讲解,说是不累,哪能不累。张尧心中不安,但是理解老人的心情,她不仅是为了这次演出,也是为了把这段经典节目传授给自己,利于今后的传承,老人家真是太无私了。自己唯有学好学精,才不辜负她的这番苦心。

所以张尧说:"我可是得了大便宜,不仅陪着老太太去了台湾,还学会了一段传世经典!"

魏文华、张尧于 5 月 23 日到达台北,24 日休息一天,娘儿俩又把《黄鹤楼》排练一番。25 日定的是下午、晚上各一场。

25 日下午,西门红楼座无虚席,台北曲艺团演员们各现拿手曲目,最后,魏文华和张尧在热烈的掌声中走上舞台。由于是下午场,又是第一场,于是他们表演了经常上演的《学大鼓》。

台湾观众果然懂曲艺,这段节目中涉及的曲种、唱段和唱曲名家他们全都熟悉。魏文华以七十八岁高龄登台,精神矍铄、仪态大方,学唱各类鼓曲嗓音高亢、特色鲜明,观众反响空前。

稍事休息之后,晚场开始,依然是魏文华攒底,表演的就是《黄鹤楼》。站在台口,张尧又一次回头关切地看了看老人,意思是问:您怎么样? 累不累?

老太太绽开惯有的安静的笑容,深深点头,又轻轻拍了拍张尧的后背。这慈爱的举动,使张尧心中一热,初次表演新节目的紧张心情一扫而空,迎着观众的掌声,他快步走上舞台。

随后,魏文华老人缓步登场,刚出台口,就是一阵更加热烈的掌声夹杂着"台味儿"欢呼。原来当晚的观众中,就有看完下午场没走、连续再听的相声爱好者。

老人满面带笑,双手合十向观众致意,走到台前,深深地鞠躬。

这一段《黄鹤楼》，唱念做表，严格繁重，魏文华按照当年马三立大师的教诲，歪使正唱。学唱老生、花脸、河南坠子满宫满调、神完气足，功架优美、尺寸精准；在人物上，她塑造的这个独特的"女版棒槌"性格鲜明，执着得可

魏文华与台湾观众合影留念

爱，又糊涂得可笑。加上张尧精彩的配合，这段节目直演得观众如醉如痴，时而凝神倾听，时而开怀大笑，真是满场欢乐，酣畅淋漓。

晚场结束，老人换好衣服走出休息室，不禁愣住了。走廊上十几位年轻女孩安静地站着，偶尔交谈也是低声耳语，看见老太太出来，姑娘们非常高兴，极有礼貌地鞠躬问好："魏奶奶好！"

"魏奶奶辛苦了！"

"好，你们好！"老太太慈祥地点头微笑，"这么晚了，怎

171

么还在这啊？"

"我们要看看您，想跟您合影。"

"哦，好好好，合影没问题。"看到这么多年轻的观众，老人非常开心。

张尧及时插话："姑娘们，谢谢你们的盛情。今天魏老师连演两场，时候也不早了，我提议，你们大家一起跟魏老师拍个大合影如何？手机给我，我来给大家拍照。"

张尧这么说，实在是怕老太太累着。

姑娘们欢呼着一拥而上，围绕在老人身边，拍摄了一张温馨的合影。

老人执意目送女孩们离去，才又缓步朝外走。快到大门口，见到四位中年女士，人人穿戴考究、面带微笑，看见老人文雅而恭敬地点头致意，其中一位走上前来："魏老师，辛苦了。今天的演出真好，谢谢您！"

老人深受感动，没想到这陌生的地方，会有这样的观众，安静地守在门口，只为向自己道一声辛苦。

"谢谢，谢谢。"老人真诚地说。

"魏老师别客气，我们……"这位女士忽然面露羞涩。

"啊！"老人明白了，"照相对吧？来，我跟您四位每人照一张。"

这对老少搭档在台北逗留十二天，演出七场，场场爆满，极受欢迎。魏文华带到宝岛的"津味"相声，给观众和同行留下了深刻而美好的印象。

在台北的十二天里，除去与台北曲艺团同行们交流，他们还观光市容，并游览了一些旅游景点。魏文华老人充满崇敬地拜谒了为纪念孙中山先生百年诞辰而兴建的台北中山纪念馆，但是在参观"中正纪念馆"时，老人婉言谢绝。当她跟张尧单独在一起的时候，她说："我知道现在时代不同了，人们的观念已经改变，都提倡客观评价历史事件和历史人物，这个观点我同意。但是也应该尊重每个人的感情。我不对哪个人，我只对那段历史，我是亲身经历过那个时期的，单说艺人的生活和艺术，那个时候冻饿、生病、遭人欺辱、沾染恶习，葬送了多少有才华的人啊，还不是新中国救了我们艺人。我永远记着我小时候挨饿，我爸爸挨打的事，我只对共产党有感情！"

这番话，朴素纯真，是一个经历了不同时代的老人发自肺腑的感言。

她还嘱咐张尧，上街遛遛，给亲人朋友们买点儿东西，同时又叮嘱："人多的地方不要停留，记住喽！"

张尧乐了："奶奶，我三十来岁的大老爷们，您还怕我走丢了？"

"不是啊，"老太太特别认真，"我看电视新闻，听说有些人会在人多的地方集会，说一些不利于两岸同胞的话，还有记者拍照。咱们虽然不是明星大蔓儿，可是也经常在电视节目中出现，万一有人别有用心，影响多不好。在天津，咱们就是说相声的，可是到了这里，咱们可是代表大陆，一举一动都要注意。"

张尧再一次对魏老师刮目相看，这个没上过一天学的老太太，有头脑有觉悟，最重要的是，她有自信心和责任心，知轻重、识大体。张尧后来对友人说："人们总说何时要看轻自己，何时要看重自己，我看这件事上，魏奶奶是最分得清的。这老太太，真让人敬服！"

结束了台北的演出，魏文华和张尧顺利返回天津，飞机在滨海机场徐徐降落，老太太禁不住无限欢喜："咱们回家啦！"

她在天津生活了七十多年，只有回到这里，她才感到踏实安宁，是这块土地养育了她和她的艺术，她忠诚地爱着这个城市和这里的人们。

尾　声

　　2017 年，仲夏，美丽的海滨城市葫芦岛。辽东湾的海水为城市带来了湿润和煦、洁净清爽的空气，令这里的气候舒适宜人。风景秀丽的海滩上，游人如织，人们踏浪戏水，尽情享受大海的拥抱。

　　一张椅子上，魏文华老人安静地坐着，看着在水面上玩耍的孙女，眼里充满慈爱。

　　未进初伏，天津已经开启酷暑模式，溽热难挨。刘文亨先生的一位弟子担任剧组的制片主任，正在葫芦岛拍戏，于是邀请师娘前来避暑。这里有辽阔的大海、凉爽的空气、美味的海鲜，小孙女高兴极了。

　　魏文华坐在海边，眺望海天尽头，蓝天衬着白云，浪花飞溅处有水鸟的翅膀掠过，一排海浪拍起时，是年轻人纵情的欢呼。

　　她恍然又回到六十多年前，又看见秦皇岛海边那群边背绕口令边拾贝壳的少男少女，又看见那块大礁石……八十年的岁月仿佛一本画册一页页翻开，真切地再一次展现在她的眼前，她的眼眶湿润了！

　　手机铃声惊动了老人，接通电话，熟悉的声音传来，是谦祥益文苑总经理史清元:"老太太,您好啊!"

"小史,你好!"

"近来天气热,血压怎么样?"

"血压没事,放心吧!"

"好,没事就好!"史清元亲热地说,"昨天还有观众问您好,说怎么总没见魏奶奶啊?什么时候听她说一段啊?您看,观众想您啦!"

"哦,好啊!观众想听,咱就演。你看哪天好啊?"老太太又来精神儿了。

"今天是周三,您看周日好吗?"

"好!没问题!"老人高声答应,声音里有一股抑制不住的兴奋。

挂了史清元的电话,她又打通徒弟的电话,请他代订车票,语气之坚决,使徒弟打消了挽留师娘多玩儿几天的想法。

安排好一切,魏文华老人长舒一口气,轻轻地自言自语:"就使《汾河湾》!"

一阵海风吹来,清爽惬意,她沉浸在自己的世界里,若有所思。"观众想您啦!"亲切的声音在她耳边久久回荡。

面对大海,她幸福地笑了。